중국역사가 기억하는
비범한 여성들

중국역사가 기억하는 비범한 여성들

초판 1쇄 발행　　　　　2015년 4월 10일

저자　　　　서 영
펴낸곳　　　책 벗
출판등록　　2013년 12월 11일 제387-2013-000065호
주소　　　　경기도 부천시 원미구 중동로248번길 38 11층
전화번호　　032-217-1007
이메일　　　bookfriend12@naver.com

ISBN　　　979-11-955086-0-0 23910(종이책)　　　979-11-955086-1-7 25910(전자책)

이 도서의 국립중앙도서관 출판예정도서목록(CIP)은 서지정보유통지원시스템 홈페이지(http://seoji.nl.go.kr)와
국가자료공동목록시스템(http://www.nl.go.kr/kolisnet)에서 이용하실 수 있습니다.
(CIP제어번호 : CIP2015010264)

중국역사가 기억하는 비범한 여성들

| 서영 지음 |

책벗

머리말

역사에 기록된 여성의 흔적은 그 자체가 흔치 않은데다 그마저도 부정적인 경우가 많다. 인류 최대의 베스트셀러라는 성서聖書에서도 여자는 남자의 갈비뼈를 취해서 만들어졌다고 하지 않는가. 그만큼 여자가 자주적이지 못하였다는 암시라고 볼 수 있는데 심지어 유교의 시조 공자마저 "여자와 소인은 기르기 어려우니, 가까이하면 불손하고 멀리 하면 원망한다. 唯女子與小人爲難養也, 近之則不孫, 遠之則怨."라는 역사에 길이 남을 망언을 하였다.

우리도 그리 다르지 않다. 건국신화의 주인공인 환웅 역시 남자로, 하늘에서 내려온 신적인 존재인 것에 비해 웅녀는 그냥 곰이 변한 존재였으니 역사의 시초부터 여자라는 존재는 남자에 비해 상대적으로 미흡한 존재로 여겨져 왔다. "북어와 여자는 3일에 한 번씩 패야 한다."는 옛말만 봐도 과거에 여자의 인권이란 거의 존재하지 않았다고 해도 과언이 아닐 듯싶다. 그도 그럴 것이 모계였던 원시사회가 남성중심의 부계사회로 넘어간 후 오늘에까지 이르렀으니 그런 몹쓸 관념이 통용되는 것은 어찌 보면 당연한 결과이기도 하다.

불과 얼마 전만 하더라도 여자의 공간이 부엌을 비롯한 집안에서만 제한되었고 인격적 대우는커녕 학대가 당연하게 부여되었다. 시대를 잘못 만난 것에 절망하며 사라져갔던 여인들의 절규가 바로 곁에서 들리는 것 같다.

그러나 그 암흑의 시대에도 중국역사에는 당시의 사회적 편견을 깨고 역사를 새로 쓰거나 가냘픈 힘으로 역경을 이겨내 빛을 발했던 비범한 여인들이 있었다. 중국 유일무이 여황제 무측천, 그녀가 롤모델로 삼았던 역사상 첫 황후 여치, 진시황 배후의 후원자 청淸, 정사에 단독으로 기록된 여장군 진양옥, 최초의 미녀스파이 서시, 미천한 기생의 신분으로 당대의 문인들은 물론 황제의 마음까지 사로잡은 이사사, 방직기술을 널리 보급하여 만민에게 행복을 가져다준 황도파, 이외에도 많은 여성들이 역사에 흔적을 남겼다.

오늘날 중국에서는 여성의 대우가 크게 달라졌다. 신중국을 건립한 마오쩌둥이 "세상의 절반은 여자가 받치고 있다."는 명언을 남긴 것에서부터 '국제 여성의 날'인 3월 8일을 '부녀절婦女節'이라고 부르며 이 날만은 여성이 여왕 대접을 받는 등 양성평등의 분위기가 날로 무르익어가고 있다. "암탉이 울면 집안이 망한다. 牝雞司晨, 惟家之索."라는 말로 여성의 활동을 제한했던 과거에서 여성 위인들이 끊임없이 속출되는 오늘이 있게 된 것은 하루아침에 실현된 것이 아닌 역사속의 수많은 여성들이 자신의 도전과 노력 그리고 희생과 바꾸어온 것이다.

그런 그녀들의 파란만장한 인생을 소개하고자 《중국역사가 기억하는 비범한 여성들》을 쓰게 되었다. 어떤 이들은 정의로운 인물로, 어떤 이들은 악역으로 평가받고 있지만 그들은 모두 각자의 방식으로 성별의 한계를 뛰어넘어 힘을 보여주었다. 하지만 모두 남자들에 의해 기록된 역사이기에 일부 왜곡과 부정적인 평가가 존재한다는 것은 부인할 수 없다. 남성 위인들에 비하면 턱없이 부족하고 희미한 기록들이지만 그녀들의 일대기는 이 시대를 살아가는 모든 여성들에게 큰 힘이 되리라 굳게 믿는다.

차례

제1장

최초의 미녀스파이
서시

청나라 혁달자 赫達資가 그린 서시

백옥같이 빛나는 피부, 복사꽃을 닮은 발그스레한 볼, 이슬을 머금은 듯한 입술……달리는 마차 안에는 곱게 치장한 여인이 다소곳이 앉아있었다. 꼭 다문 입과 촉촉한 눈가에는 잔잔한 슬픔이 비꼈다. 목적지가 없이 쭉 달리기를 바랐지만 자신이 어디를 향해 가고 있는지 너무나 잘 알고 있었다. 그리고 그 곳 타국에서 무엇을 해야 하는지도 말이다. 피해갈 수 없는 운명이라면, 이 순간 그저 마차만이라도 느리게 달리기를 바랄 뿐이었다.

황혼이 지고 달이 뜨더니 또 어느 샌가 날이 밝았다.

"다 왔네."

익숙한 그 목소리는 그날따라 더 차갑게 들렸다.

여인은 마차에서 내려 그의 뒤를 따라 조용히 걸어갔다. 이웃나라의 호화로운 궁전에도 전혀 마음이 설레지 않은 듯했다.

"범장군, 오랜만일세."

중후한 그 목소리의 주인공은 바로 오나라의 왕이었다. 이어 그의 눈빛은 뒤에 서있는 여인에게로 향했다. 세상에 이런 미모의 여인이 존재하고 있었다는 것에 큰 충격을 받은 듯 한동안 멍하니 쳐다보다가 드디어 입을 열었다.

"허허, 과연 듣던 대로 절세가인이네그려."

조금 전 말투보다는 다소 경박해보였다.

그날 밤, 그녀는 여러 명의 시녀들이 보는 앞에서 목욕을 하고 오나라 왕의 처소에 들어가 첫 임무를 수행하였다. 앞으로 자신이 교육받은 대로 그를 대해야 했고 이곳에서 보고 들은 것을 모국인 월나라에 은밀히 전해야 했다. 그것이 위태로웠던 조국과 사랑하는 가족들을 위한 길이라면 기꺼이 자신의 한 몸을 희생할 수 있었다. 중국 역사상 최초의 스파이는 그렇게 탄생되었다. 중국 고대미녀의 대명사이기도 한 그녀는 어찌하다 간첩이 되었을까?

그녀는 과연 누구인가?

이름: 서시西施

출생-사망: 미상

출신지: 저라촌苧蘿村 (지금의 절강성浙江省 소흥紹興 제기시諸暨市)

직업: 스파이

그녀는 너무 예뻤다

서시의 본명은 시이광施夷光으로 춘추시대 월越나라 저라촌苧蘿村이라는 곳에 사는 한 나무꾼의 딸로 태어났다. 저라촌은 마을이 두 곳으로 나뉘었는데 하나는 동촌이고 다른 하나는 서촌이며 대부분이 시施씨였다고 한다. 그녀가 서촌에 살았었기에 서시西施라 불리게 된 것이다.

ⓘ 잠깐! '침어'와 '동시효빈'의 유래

중국의 고대 4대 미녀인 서시·왕소군·초선·양옥환(양귀비)을 침어낙안沈魚落雁, 폐월수화閉月羞花라고 표현하기도 한다. 4대 미녀 중에서도 제일 앞자리에 오는 침어沈魚는 서시를 지칭하는 단어로, 강물에 비친 그녀의 얼굴이 하도 아름다워 물고기가 넋을 놓고 쳐다보다가 헤엄칠 생각도 잊고 가라앉아 버렸다는 뜻이다.

참고로 낙안落雁은 왕소군을 지칭하는 말로 하늘을 날던 기러기가 그녀의 용모에 반해 날갯짓을 잊고 떨어졌다는 뜻이다. 폐월閉月은 초선을 지칭하는데, 달도 그녀의 미모와 비교당할까 부끄러워 구름 뒤로 숨었다는데서 비롯되었다. 마지막으로 수화羞花는 양옥환을 뜻하는 말로, 꽃도 부끄러워 할 미모라는 의미이다.

그리고 서시는 어렸을 때부터 가슴앓이 병을 가지고 있어 늘 가슴을 쓰다듬으며 얼굴을 찡그리고 다녔는데 그 모습조차도 너무나 아름다웠다고 한다. 옆 동네인 동촌의 추녀 동시東施가 서시의 그 찡그린 모습을 따라하였더니 더욱 못생겨 보이게 되었다. 사람들은 이를 두고 동시효빈東施效顰이라 하였는데 자신의 주제는 생각하지 않고 무조건 남을 흉내 내는 것을 뜻한다.

서시가 절세미녀로 소문이 난 무렵, 월나라에서는 전국각지에 사람을 보내 미인을 뽑고 있었다. 당시 나라에서 아름다운 여자를 뽑는 목적은 주로 후궁으로 들이는 것이지만 월나라에서 미녀를 뽑는 배경은 그리 간단하지 않았다. 이 '미스월나라 선발

범려

대회'의 목적은 스파이를 뽑아 양성하는 것에 있었다. 그리하여 각지에서 선발된 미녀들이 수도로 보내지게 되었고 경국지색인 서시도 당연히 그중에 포함되었다.

서시의 아름다움은 이미 널리 소문이 나 있었던지라 사람들은 그녀의 얼굴을 한번 보기 위해 곳곳에서 몰려들었다. 그때 월나라의 충신이자 지략가인 범려는 "미인을 보려거든 1전씩 내라"는 내용의 포고문을 붙였다. 그러자 그녀의 전설적인 미모를 보기 위해 사람들이 장사진을 이루었다. 어떤 사람들은 보고 또 보고 싶은 나머지 몇 차례나 줄을 서기도 하였는데, 그로 인해 궁에 들어가는 데까지 사흘이나 걸렸다고 한다.

돈이 산더미처럼 쌓이자 범려는 그 수익금 전액을 국고에 바쳐 군자금으로 사용하게 했다. 범려는 훗날 상업에 종사해 거부가 되었는데 오늘날 중국인들은 그를 재신財神으로 떠받들고 있다.

와신상담臥薪嘗膽

이른 아침, 거친 섶나무 위에서 자고 일어난 월나라 왕 구천勾踐은

2010년 차이나포스트에서 발행한
〈와신상담〉 우표

습관처럼 천천히 혀를 내밀어 천장에 매달은 검붉은 물체에 가져다 댔다. 그것은 분명 쓸개였다. 혀를 마비시킬 정도의 쓴 맛이지만 얼굴 한번 찡그리지 않았다. 이어 매서운 눈빛으로 쓸개를 바라보며 지난 3년간 오나라에서 당한 치욕의 순간들을 떠올렸다. 삽으로 떠낸 듯 움푹 들어간 뺨과 밭이랑처럼 굵고 깊이 파인 주름은 그 동안 겪었던 고초를 설명하기에 충분했다.

① 잠깐! '와신상담'이란?

〈사기·월왕구천세가史記·越王句踐世家〉에 의하면 월越나라와 오吳나라는 철천지원수 지간이었는데, 오나라 왕 합려闔閭가 먼저 월나라로 쳐들어갔다가 월나라 왕 구천에게 패하여 죽었다. 합려는 죽기 직전 아들 부차夫差를 불러 이 치욕을 잊지 말라고 당부하였다. 왕이 된 부차는 이를 잊지 않기 위해 자신이 궁의 대문을 지날 때마다 신하가 큰 소리로 "부차야, 너는 아버지의 죽음을 잊었느냐?" 라고 소리치도록 명하였다.

소문을 들은 월나라 왕 구천은 부차를 우습게 보며 모사인 범려范蠡가 말렸음에도 불구하고 오나라에 선제공격을 한 결과 대패하였고 월나라의 수도가 포위되고 말았다.

구천은 항복하며 강화講和를 청하자 부차는 요구를 들어주는 대신 그더러 오나라에 와서 속죄를 하라고 하였다. 구천은 범려와 함께 3년 동안 오나라에서 치욕이란 치욕은 다 맛보았다.

　부차는 구천이 진심으로 속죄했다고 생각하고 그를 월나라로 돌려보냈다. 다시 월나라로 돌아온 구천은 원수를 잊지 않기 위해 섶나무를 펴고 자고 쓰디쓴 쓸개를 맛보면서 복수의 칼을 갈았는데 이것이 와신상담臥薪嘗膽이라는 고사성어의 유래이다.

　한국과 일본의 일부 자료에서는 부차가 섶나무 위에서 자고 구천이 쓸개를 맛보면서 각각 원수를 되새긴 것으로 '와신상담'을 해석하였는데 이는 잘못된 정보이다.

"안녕히 주무셨사옵니까?"

어느 틈에 들어온 범려가 미소를 띠며 허리를 굽혔다. 조금 전 구천이 쓸개를 맛보는 모습을 지켜본 모양이다.

"경이 어인 일이오?"

구천은 범려를 흘긋 바라보며 물었다.

"오나라를 이길 방도를 강구하라고 하지 않으셨습니까?"

"무슨 묘책이라도 생겼소?"

시큰둥한 구천의 말투에 범려는 자신 있게 대답했다.

"소신이 준비한 무기라면 반드시 오나라를 무너뜨릴 수 있을 것입니다."

곧 문이 열리고 가녀린 여인이 머리를 숙이고 들어와 조심스레 꿇어앉았다. 오나라를 이길 수 있는 무기와는 너무나도 거리가 먼 여인의 등장에 구천은 어이없는 표정을 지었다.

"지금 뭐하는……"

"고개를 들어라."

범려의 명에 여인은 천천히 고개를 들었다. 조금 전까지만 해도 차가웠던 구천의 얼굴은 급격하게 용해되었다. 한동안 넋을 잃고 바라보던 구천은 범려의 마른 기침소리에 그제야 정신을 차렸다. 구천은 범려의 심산이 무엇인지 알 것 같았다.

"이……이름이 무엇이냐?"

"서시西施라 하옵니다."

이어 그녀는 범려의 눈짓에 살며시 일어나 춤을 추었다. 구천은 자신도 모르게 입을 헤벌린 채 그녀를 쳐다보았다. 입안에 남아있던 쓸개의 끝맛마저도 달콤하게 느껴졌다.

"전하께서 보시기에 어떠하신지요?"

"……"

"윤허하신 것으로 알겠습니다. 지금 바로 부차에게 보내……"

"자, 잠깐!"

구천은 다급하게 붙잡았다. 한참동안 침묵이 흘렀지만 범려는 그가 입을 열 때까지 끈기 있게 기다렸다. 힘거운 전투를 치르기라도 하듯 진땀을 쏟으면서 번민하던 구천은 자신의 잠자리에 놓여있는 섶나무와 천장에 매달려있는 쓸개를 말없이 노려보더니 결국 고개를 끄덕여 그녀를 오나라에 보낼 것을 결정했다.

범려는 전문가들로 하여금 서시에게 가무와 몸가짐, 기본예절 그리고 남자를 유혹하는 법과 방중술房中術등 스파이로서 갖춰야 할 모든 것을 가르쳤다.

그녀의 미션은 바로 오나라의 왕인 부차를 유혹하여 그가 정치를 돌보지 않고 주색에 빠지도록 함으로써 최종적으로 오나라를 멸망시키는 것에 있다는 것을 끊임없이 주입시켰다.

임무를 완수하다

오나라로 출발하는 날, 범려는 직접 서
시를 호송하였다. 비록 나라를 위한 일이
라고 해도 범려 역시 마음이 편치 않았을
것이다. 며칠이나 달려 드디어 오나라에
도착하였다. 서시를 본 부차는 혼이 나간
사람처럼 한동안 그녀를 쳐다보았다.

부차

모든 것이 범려가 예상했던 대로 진행되
었다. 서시에 완전히 빠져버린 부차는 그
녀를 위한 궁궐을 짓고 날마다 거기서 잔치를 벌였다. 그녀가 나막
신을 신고 사뿐사뿐 춤을 출 때마다 치마 끝에 달린 작은 방울들
이 소리를 내면서 흥을 더해주었다. 미소와 움직임 하나하나가 월
나라에서 스파이 교육을 받을 때 배운 그대로였지만 그런 사실을
부차가 알 리 없었다.

또한, 새로 판 연못에 배를 띄워 낮에는 연꽃을 감상하고 밤에는
달구경을 하였으니 신선놀음이 따로 없었다. 얼마 못가 오나라는 급
격히 피폐해지게 되었다. 사치와 향락에 국고가 탕진되고 왕이 나
라 일을 등한시 하는 바람에 군軍의 기강이 해이해져갔다. 게다가
서시가 군사기밀을 빼돌려 월나라에 몰래 전하기까지 하였으니 오
나라가 망하는 것은 시간문제였다.

서시의 치마폭에 빠져 헤어나지 못하는 부차를 보고 충신 오자서
伍子胥가 나서서 말렸다.

"하夏나라는 말희妹喜로 인해 망하고 은殷나라는 달기妲己 때문에
망했으며 주周나라는 포사 때문에 망했습니다. 자고로 미녀는 나라

를 망치는 화근이니 멀리 하십시오."

하지만 부차는 조금도 귀담아 듣지 않았다. 그는 언젠가부터 사사건건 충고하고 타이르는 오자서를 매우 못마땅하게 여겼다. 마침 백비 등의 간신들이 입을 모아 오자서를 모함하자 부차는 이참에 그를 제거하기로 하였다.

부차가 보낸 신하로부터 자결하라는 명을 들은 오자서는 크게 탄식하며 말했다.

"내가 죽은 뒤 오나라가 월나라에 멸망당하는 모습을 똑똑히 볼 수 있게 눈알을 파 동쪽 성문 위에 걸어두어라."

그는 원래 초나라사람이었는데 후에 망명하여 오나라를 중원의 패자霸者로 중흥시킨 공신이다. 오자서가 목숨을 끊은 지 10년도 지나지 않은 BC 473년, 그사이 강대해진 월나라가 쳐들어오자 오나라는 멸망되었다. 부차는 오자서의 충고를 듣지 않은 것을 후회하며 자결하였다.

ⓘ 잠깐! 나라의 멸망을 부른 망국요녀 3인방

춘추 시기 이전의 왕조인 하, 은(혹은 상나라), 주(서주)나라의 멸망에는 공통점이 많은데 그 중 가장 대표적으로 알려진 원인은 여자 때문이라는 것이다.

하(夏 약 BC 2070-약 BC 1600)나라 마지막 왕인 걸桀은 포악하고 잔인한 왕으로 유명하다. 그에게는 말희妹喜라는 미색이 뛰어난 총비가 있었는데 걸桀왕은 그녀가 원하는 것이라면 모든 것을 해주었다. 말희가 술로 연못을 만들고 고기로 숲을 만들어 달라고 하니 바로 실행하였다. 주지육림酒池肉林은 그렇게 생겨났다. 뿐만 아니라 젊은 남녀들이 옷을 하나도 걸치지 않은 상태로 함께 있게 하여 그들이 벌이는 쾌락을 관람하면서 기뻐하였다.

그녀는 또 다른 특이한 취미를 가지고 있었는데 바로 비단을 찢는 소리를 좋아했다고 한다. 그리하여 걸桀왕은 하녀를 시켜 그녀가 원할 때마다 비단을 찢게 하였다. 얼마 후 하왕조는 은나라 탕왕湯王에게 멸망되었다.

은나라(殷 약 BC 1600-약 BC 1046) 마지막 왕인 주왕紂王은 원래 매우 용맹하고 정치를 잘하였는데 달기妲己라는 미녀를 얻은 다음부터 그녀와 방탕한 생활을 하였다. 달기는 하나라 말희가 한 '주지육림'과 남녀들의 '나체쇼'를 그대로 재연하며 즐겼다. 그리고 '포락지형炮烙之刑'이라고 하는 형벌을 만들어 기름을 바른 구리 기둥을 숯불 위에 걸쳐 달군 후 그 위로 사람이 맨발로 지나가게 하였다. 발이 미끄러져 불속에 떨어지는 사람들의 비명소리를 듣고 그녀가 박장대소를 하니 그것을 본 주왕도 즐거워했다. 날마다 엄청난 비용이 투입되어 국고가 감당하지 못할 지경이었다. 보다 못한 충신들이 만류하자 주왕은 그들을 처참하게 죽였다. 결국 은나라는 주나라의 무왕武王에게 멸망당하고 만다.

서주(西周 약 BC 1046~BC 771)의 마지막 왕 유왕幽王에게는 포사褒姒라고 하는 총비가 있었는데 그녀는 좀처럼 웃지 않았다. 유왕은 갖은 방법으로 그녀를 웃게 하려고 노력했지만 소용이 없었다. 그러다 한번은 잘못 올린 봉화로 제후들이 헛걸음을 한 것을 보고 포사가 생긋 웃으니 유왕은 그 뒤로 가끔 일부러 봉화를 올렸다. 그 후 서쪽 지방의 부족인 견융犬戎이 쳐들어오자 유왕이 이번엔 진짜 봉화를 올렸지만 양치기 소년의 결말처럼 제후들은 또 거짓이겠거니 하고 누구도 가지 않았다. 결국 유왕은 견융犬戎에게 피살되고 포사는 포로가 되었다.

서시를 둘러싼 의문들

스파이의 임무를 완벽하게 수행한 서시는 어떻게 되었을까?

오나라의 멸망에 결정적인 공을 세운 그녀는 그 뒤로 역사에서 자취를 감추었다. 미녀스파이의 공통점 중 하나는 사후 여러 가지 설과 함께 신비스러운 부분이 남아 사람들에게 상상과 논쟁의 여지를 남기는 것이다.

서시의 경우도 여러 가지 추측들이 제기되고 있는데 크게 세 가지이다.

첫 번째는 오나라가 멸망한 후 스스로 강에 빠져 죽었다는 설이다.

두 번째는 구천이 자신도 부차처럼 서시에게 빠져 나라를 망칠까 두려워 그녀를 가죽부대에 돌과 함께 넣은 후 강물에 버렸다고 한다. 구천은 오나라를 멸망시킨 후 충신들을 제거하기 시작했다. 진작 구천의 성격을 알아봤던 범려는 월나라를 떠나면서 충신이자 친구였던 문종文種에게 토사구팽兎死狗烹을 예로 들어 그를 충고했지만 떠나기를 주저하던 문종은 결국 구천에게 제거당하고 말았다. 이용가치가 없어진 서시도 그렇게 죽었을 가능성이 없지는 않다.

세 번째 설은 서시는 자신을 간첩으로 키운 범려와 서로 사랑하는 사이로서 오나라가 멸망한 후 오호五湖*에서 배를 띄우고 어디론가 사라졌다는 것이다. 그들이 제齊나라로 가 상인이 되어 거부가 되었다는 설도 있다.

---

* 오호五湖: 현재는 호남성 북부에 있는 동정호 등 5개 호수를 통틀어 이르는 말이나 고대에는 지금의 강소성 태호太湖를 가리킨다.

《사기》등의 역사서에는 범려가 훗날 제나라로 가서 큰돈을 모았고 '치이자피鴟夷子皮'라 개명하였다는 기록은 있어도 서시와의 사랑이야기는 찾아볼 수 없다. 그러나 '치이자피'의 뜻이 가죽주머니인 것으로 보아 서시가 가죽부대에 돌과 함께 가라앉았다는 설과 맞물리는 부분이 있다. 많고 많은 이름 중에 왜 굳이 가죽주머니라는 의미로 개명하였을까?

서시가 물에 빠졌다는 언급이 유독 많은 것으로 보아 자살이든 타살이든 강물에 빠져죽었을 가능성이 크다. 미녀를 뽑고 스파이 훈련을 받는 과정에서 서시와 범려는 서로 사랑하는 감정을 느꼈고, 오나라가 멸망한 후 이유야 어찌되었든 그녀가 가죽부대에 넣어져 강에 빠져 죽은 것은 아닐까 싶다. 이에 범려는 서시에 대한 죄책감과 영원히 기억하고픈 마음에 그렇게 개명하고 살았을 거라 짐작해 본다.

서시에 대해 논란이 되고 있는 또 한 가지는 그녀의 존재 여부에 관한 것이다. 일부 학자들은 서시라는 인물은 민간에서 만들어 낸 전설속의 인물일 뿐 실제로는 존재하지 않았다고 주장한다. 역사의 진실 여부를 논함에 있어서의 기준은 아무래도 사서史書일 수밖에 없다. 그러나 춘추전국 시기의 역사를 비교적 상세히 기록한《국어國語》,《좌전左傳》,《사기史記》등에는 서시에 대한 기록이 없다.《국어》의 〈월어상越語上〉에는 월나라에서 오나라에 미녀를 바친 것에 대한 기록은 있으나 서시라는 이름은 따로 언급이 없다.

그럼에도 서시가 실제 인물일 것이라는 근거는 무엇일까?

춘추전국 시기 여러 학파의 학자들이 저술한《제자諸子》에는 서시에 대한 언급이 많다.《제자》시리즈 중 가장 먼저 서시를 언급한

서시의 고향 절강 소흥 제기시에 위치한 서시전

책은 《묵자墨子》이다. 《묵자》의 〈친사편親士篇〉에는 "서시가 강물에 빠져 죽은 것은 그녀가 아름다워서이다.(西施之沉, 其美也.)"라는 구절이 있다. 이외에도 《장자》, 《맹자》, 《한비자》 등에서도 서시를 언급하였다. 특히 《장자》는 서시를 세 번이나 언급하였는데 앞에서 말한 '동시효빈' 이야기의 출처이기도 하다.

판단은 각자의 몫이지만 서시의 미담과 각종 설이 난무하는 것은 단순한 우연이 아닐 것이다. 이야기에 과장이나 보탬의 가능성이 있을 수 있지만 서시는 실제 인물일 가능성이 높다고 보인다. 그녀의 이야기는 많은 문인들에게 영감을 주어 작품의 소재가 되기도 하였다.

서시는 스파이의 운명을 받아들여 조국을 위해 자신을 희생하고 적국에서 어려운 임무를 훌륭히 완수하였지만 돌아오는 건 냉대였다. 그것도 그럴 것이 역사는 늘 "나라를 흥하게 하면 남자의 공로, 망하게 하면 여자의 탓"으로 하지 않았던가. 서시 역시 남성중심의 역사관에 의한 피해자가 아닐 수 없다.

미인박명의 운명을 벗어나지 못했지만 그녀는 이천여 년 동안 하나의 문화현상이 되었으며 앞으로도 영원히 미의 상징으로 남을 것이다.

미녀스파이라고 하면 마타 하리(Mata Hari)를 빼놓을 수 없다. 그녀는 독일의 사주를 받고 활동하다가 프랑스 정보기관에 체포되어 총살당했다. 이중스파이였다는 설이 있으며 지금도 영화나 TV프로그램의 소재로 자주 등장한다.

일명 동양의 마타 하리로 불리는 가와시마 요시코川島芳子는 원래 청나라 황족 출신이었다. 그녀는 6살에 일본대사의 양녀가 되어 일본에서 간첩훈련을 받았다. 아름다운 미모를 가졌지만 주로 남장을 하고 다니면서 수많은 희생자를 낳은 만주사변, 1.28사변 등 미션을 성공하였다. 1948년 중국에서 간첩죄로 총살당하지만 일각에서는 누군가 그녀를 대신해 죽었으며 그녀는 1978년까지 중국의 한 시골에서 숨어 살다가 72살에 죽었다고 한다.

제2장

진시황 배후의 여상인
파 과부 청

청

구름 위로 희미하게 모습을 드러낸 산봉우리와 숲 그리고 기암괴석들은 그윽한 안개에 가려 한 폭의 아름다운 병풍을 방불케 한다. 이 풍경을 배경으로 산 아래에는 수많은 인부들이 분주히 움직이고 있었다. 얼핏 보아도 족히 수천 명은 넘어 보인다. 어떤 이들은 나무 상자를 나르고 있었고, 어떤 이들은 수북이 쌓인 적색의 돌중에서 뭔가를 골라내고 있었으며, 또 어떤 이들은 뜨거운 화덕 앞에 앉아 불에 부채질을 하고 있었는데 이는 오늘날 '공장'의 모습이었다.

기원전 3세기에 이런 '공장'이 있었다는 것도 놀라운데 더욱 놀라운 것은 남편을 잃은 한 과부가 운영하고 있다는 사실이다. 남존여비의 사상이 극심한 시대에 어떻게 그녀는 홀로 방대한 가업을 잇게 되었고 훗날 6국을 통일하여 중국 역사상 첫 황제가 된 진시황의 조력자가 될 수 있었을까?

그녀는 과연 누구인가?

이름: 청清

출생―사망: 미상

출신지: 파군지현(巴郡枳縣, 지금의 중경시重慶市 장수구長壽區)

직업: 상인

뜻하지 않은 상속

청이 살던 곳은 이민족이 세운 파巴나라로서 800년의 역사를 가지고 있었지만 BC 316년, 진秦나라에 멸망되어 행정구역인 파군巴郡이 되었으며 그녀는 그 이후 태어났다.

"당신한테 무거운 짐만 남기고 먼저 가서 미안하구려."

청의 두 손을 꼭 붙잡고 말했던 남편의 마지막 이 한마디는 그가 떠나고 수십 년간 귀전에 메아리쳤다. 몇 대에 걸쳐 내려온 가업이 자신의 손에서 무너지게 할 수 없다는 생각에 아무리 지치고 힘들어도 포기하지 않았다.

시댁의 사업은 먼 옛날, 남편의 증조부 때부터 시작되었다. 증조부는 당시 민간에서 의술을 행하였으며 자주 산에 가서 약초를 캤다. 어느 날 비를 피하려다 우연히 한 동굴에 들어갔는데 거기에서 적색의 광석을 발견하게 되었다. 그는 자신이 발견한 육면체 광석의 가치를 바로 알아보았다.

단丹 또는 단사丹砂라고 불린 붉은색 광석에는 수은, 유황 등이

단사

함유된 것으로 알려져 있었다. 그는 며칠 동안 산에 오르내리며 단사를 찾았다. 그런데 희귀하다고 알려진 이 광석은 의외로 이 일대의 산에서 적지 않게 발견되었다. 하늘이 내린 선물이라 생각한 그는 그동안 모은 돈을 털어 사업을 시작하게 되었다. 사업의 규모는 점점 커져 인부도 고작 몇 십 명에서 수백 명에 이르렀다.

청이 시집을 간 건 꽃다운 열여덟 살 때이다. 시댁의 재력과 영향력에는 미치지 못하지만 그녀의 친정도 나름 있는 집안이었다. 행복했던 신혼생활이 1년쯤 지난 어느 날, 시아버지가 세상을 떠났다. 순리에 따라 남편이 가업을 물려받았지만 3년 뒤, 어이없게도 남편마저 세상을 등지고 말았다. 남편이 형제도, 자식도 없었던지라 청이 하루아침에 가업을 이어야 했다. 오늘날의 삼성이나 마이크로소프트 같은 대기업의 경영권을 며느리 혼자서 물려받았다고 상상해보면 그녀가 처음에 느꼈을 부담이 얼마나 컸을까 싶다.

처음에는 주변의 우려도 있었거니와 그녀 자신도 해낼 수 있을지 확신이 없었다. 하지만 청은 의외로 경영에 천재적인 소질이 있었다. 어려서부터 글을 많이 읽은 데다 경제적인 두뇌를 겸비하여 계산에 빨랐다. 또한 리더십이 있어 사람을 부리는 데에도 남다른 능력을 발휘했다. 시댁에서 물려받은 가업의 규모는 점점 눈덩이처럼 커져 갔다.

진시황과의 만남

당시 진秦나라 왕 영정(嬴政, 후의 진시황)은 즉위한 지 얼마 되지 않았다. 그는 단지 왕이 된 것에 만족해하지 않고 천하의 유일한 주인이 되려는 야심을 품었다. 그리하여 위료尉繚, 이사李斯 등 모사들을 임용해 통일 전략을 모색하고 있던 참이었다.

진시황 영정

그때 이사가 건의했다.

"파군巴郡 백성들은 산지대에 익숙하여 용감하고 싸움을 잘한다고 합니다. 인력자원은 물론이고 물산도 풍부하며 지리적으로도 유리하기에 전쟁 후방지역으로 가장 적합한 곳입니다. 그곳을 발판으로 각 나라를 차례로 멸하면 통일의 대업을 이룰 수 있습니다."

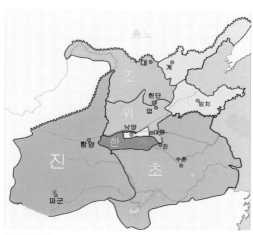

전국칠웅지도

① 잠깐! 전국칠웅戰國七雄이란?

진시황 영정嬴政이 6국을 통일하기 전, 크고 작은 국가들이 병립하고 있었다. 그러다 농업과 경제, 군사의 발전의 수준에 따라 점차 7개의 나라로 좁혀지게 되었는데 이들은 각각 진秦·초楚·연燕·제齊·조趙·위魏·한韓이며 전국칠웅戰國七雄이라 불린다.

영정은 한편으로는 동의하지만 다른 한편으로는 마음에 걸리는 것이 있었다.

"그대도 알다시피 파巴는 고조부高祖父이신 혜문왕惠文王에게 멸망당한 뒤 진나라 영토가 되었으니 그 곳 백성들은 우리에게 적대감이 남아있을 거요."

이사는 미소를 지으며 "그건 폐하께서 하시기 나름이지요. 회유정책懷柔政策으로 민심을 어루만진다면 금방 돌아설 것입니다. 특히 지방 호족 세력을 이용하여 분위기를 유도한다면 더욱 쉬울 것으로 사료됩니다."고 말했다.

그는 영정이 긍정적인 반응을 보이자 말을 이었다.

"들리는 소문에 의하면 그곳에 남편을 잃고 수십 년간 홀로 단사사업을 꽤 크게 하는 부녀자가 있다고 하니 도움이 될 듯 싶습니다."

계속된 청의 이야기에 영정은 놀랍고도 흥미로웠다. 남자한테도 버거운 일을 50대 여인이 홀로 떠맡아서 한다는 것이 믿기지가 않았다.

한편 몇 주 뒤 청은 궁에서 보낸 사람으로부터 입궁하라는 명을 받았다. 자신을 왜 부르는지 그 이유를 정확히는 알 수 없었으나 왠지 좋은 예감이 들었다. 그녀는 믿을 만한 집사에게 일을 맡기고 며칠 뒤 길을 떠났다.

먼 길을 달려 거우 함양에 있는 궁에 도착하였다. 옥좌에 앉은 영정은 젊은 나이에 비해 훨씬 어른스럽고 패기가 있었다. 세상을 집어삼킬 듯한 그의 눈빛은 예리하고 날카로웠다.

영정도 그녀를 대면하면서 보통 여인에게서는 보기 힘든 당당함과 지적인 분위기에 많이 놀랐다. 자신의 어머니보다도 나이가 많았지만 차분하고 기품이 넘쳐 생전 처음 보는 여성상이었다.

이런저런 이야기를 나누던 그들은 서로가 서로에게 필요한 존재임을 느꼈다.

'파'를 편애하다

영정은 이사의 건의를 받아들여 파군 지역에 회유정책을 실시하였다. 진나라 법률은 원래 엄하기로 유명하지만 '파' 지역에만 예외를 두고 대죄가 아닌 이상 엄하게 벌을 내리지 않았다. 당시 진나라는 '상앙변법商鞅變法'을 실시하였는데 그중에 농업을 장려하고 상업을 철저히 통제하는 중농억상重農抑商정책이 있어 상업에 종사하는 사람들은 그만큼 차별을 받았다. 하지만 이 또한 이 지역 사람들에겐 예외였다. 오히려 청을 비롯한 상인들을 격려하였으니 이보다 심한 '편애'는 없었다. 파군 백성들은 점차 진나라에 마음을 열어 정치적으로나 군사적으로나 필요한 협조를 하기 시작했다.

청도 영정이 자신의 고향에 너그러운 정치를 펼치자 전쟁에 필요한 지원을 아끼지 않았다. 자신의 고향에 유화정책을 펼치는 것에 대해서 고마움도 있었겠지만 사업수완이 뛰어난 청에게 있어서 이는 일종의 대규모 투자였다. 영정의 인물됨을 직접 봤기에 그가 천하를 통일할 수 있을 것이라고 판단했다. 그렇게 되면 그녀의 사업 무대는 현재의 진나라에만 국한되지 않고 더 넓은 영역으로 확장할 수 있었다.

청의 전폭적인 경제적 지원이 있게 되자 진나라 군軍의 힘은 더욱더 강대해져 전쟁을 벌이는 족족 승리를 거두었다.

BC 221년, 진나라는 마지막 남은 제濟나라를 멸망시키고 영정은 역사상 첫 황제-진시황이 되었다.

세월이 흘러 청은 어느덧 백발이 희끗한 할머니가 되었다. 그동안 그녀와 진시황은 훌륭한 파트너로 서로를 인정하고 존중하며 아낌없는 지원을 해주었다. 진시황은 청에게서 물자를 공급받는 대신 그녀가 아무런 장애가 없이 상업을 할 수 있도록 길을 마련해 주었으며 그녀에게 많은 특권을 주었다. 예를 들면 통일 후 진나라는 "천하의 모든 무기는 개인이 소장할 수 없다."는 법률을 정해 전국적으로 무기를 몰수하였는데, 어느 누구라도 검 한 자루를 소장하는 것조차 처벌을 받았다. 진시황이 민간에서 거두어들인 병기를 모두 녹여 12개의 3만 킬로그램의 동인銅人을 주조한 이야기는 유명하다. 그런데 이 법률은 청에게는 예외였다. 고령의 나이로 방대한 가업을 이끌어나가야 하는 그녀에게 만일의 경우를 대비해 개인 무기는 너무나도 필요했다.

단사와 수은의 납품

어느 날, 진시황은 한창 공사 중인 자신의 무덤을 멀리에서 물끄러미 바라보았다. 지금까지의 삶은 전쟁의 씨줄과 날줄로 얽혀있었다고 해도 과언이 아니었다. 드디어 바라고 바라던 대업을 이루었지만 이제 새로운 근심과 직면하게 되었다. 그것은 바로 인간은 모두 언젠가는 죽으며 전례 없는 역사를 창조한 자신에게도 예외가 없다는 것이었다. 어찌하면 불로장생할 수 있을까? 어찌하면 죽더라도 무덤의 시체가 썩지 않고 천년만년이 지나도 자신의 무덤을 도굴하지 않게 할 수 있을까?

가끔 입궁하여 진시황과 담소를 나누던 청은 그의 고민을 듣게 되었다. 한참동안 말없이 생각하던 그녀는 입을 열었다.

"무덤에 수은을 넣어 보심이 어떨런지요?"

"수은이라…… 그것이 무엇입니까?"

"수은은 단사를 불에 녹여 얻는 액체상태의 물체로 강한 독성을 가지고 있습니다. 이를 무덤에 넣으면 시체가 썩지 않으며 폐하의 무덤에 대량의 수은이 들어있다는 소문이 퍼지게 되면 사람들이 도굴할 엄두를 내지 못하겠지요. 파헤치는 순간, 그 강한 독성에 목숨을 잃게 되니까요. 필요한 만큼 제가 공급해 드리겠습니다."

청의 말에 진시황

진시황 병마용

은 무릎을 치며 흥분을 금치 못했다. 하지만 그를 옥좌에서 벌떡 일어나게 한 말은 뒤에 있었다.

"그리고 단사에서 추출하여 만든 단약을 먹고 수련을 하면 불로장생할 수 있다고 합니다."

그 후 청의 '공장'은 더욱 분주해졌고 진시황릉에는 매일 대량의 수은이 공급되었다.

〈사기·진시황본기〉에 따르면 "진시황릉의 지하는 수은으로 강과 바다를 이루었다."고 하였는데 실제로 학자들의 말에 따르면 진시황릉 부근 토양의 수은 함량은 주변 다른 지역의 4배가 넘으며 그 양은 최소 100톤에 달할 것이라고 한다.

"진시황은 통일하기 전 진나라 왕으로 즉위하면서 여산驪山에 공사를 벌였고, 천하를 통일한 후에는 전국에서 이송된 죄인 70여만 명을 시켜 땅을 깊이 파고 거기에 구리를 녹인 물을 부은 후 틈새를 메워 외관外棺을 만들었다. 궁궐의 모형을 만들고 그 안에 작록爵祿에 따라 백관들의 모습을 흙으로 만들어 세운 다음 세상의 희귀한 보물과 기이하게 생긴 돌들을 모두 운반해 가득 채우게 하였다. 장인들에게 명하여 활과 화살을 기관으로 설치하여 무덤에 접근하는 자가 있으면 화살이 자동으로 발사되도록 만들었다.

수은水銀을 부어 각각 백천百川, 강하江河, 대해大海를 만들고 기계를 설치해 수은이 흐르게 하였다. 위에는 천문의 모습으로 꾸몄으며 아래에는 지리를 본 따서 만들었다."

〈사기·진시황본기〉

"진시황제를 여산의 언덕에 묻을 때, 세 번이나 지하수를 지날 만큼 땅을 깊이 파고 위로 봉분을 높였는데, 그 높이가 50장(약 150여 미터)이고 사방 5리 남짓 에워쌌다. 돌로 만든 곽槨을 유관으로 삼고 무덤에 별관을 만들었다. 인고(人膏-인어 기름이라고 하나 인어는 존재하지 않기에 도롱뇽 기름 혹은 고래 기름으로 추측됨)로 등촉을 삼았으며 수은으로 강물을 만들고 황금으로 오리와 기러기를 만들었다."

〈한서漢書·유향전劉向傳〉

청의 지원은 여기에서 그치지 않았다. 진시황은 천하를 통일한 후 원래 기존에 있었던 각 나라들의 북쪽 장성들을 서로 연결하여 확장시키려 하였다. 흉노匈奴를 비롯한 북방의 이민족으로부터 제국을 효과적으로 방어하기 위함이었다. 큰 공사를 벌이는데 있어 대량의 자금이 필요하자 이번에도 청은 흔쾌히 거금을 투자하여 장성 프로젝트를 도왔다.

그녀는 이제 전국의 단사 판매 독점권을 얻어 돈을 엄청나게 끌어 모으고 있었다. 청의 고향 역사를 기록한 《장수현지長壽縣志》에 따르면 그녀가 부렸던 시종, 인부, 경호 인력 등은 모두 합쳐 만 명이 넘었다고 한다. 당시 진나라 전체 인구가 2천5백만 정도였다는 것을 감안하면 어마어마한 규모가 아닐 수 없다.

단사의 여왕을 기리다

얼마 후 청은 함양궁에서 눈을 감았다. 진시황이 만년의 그녀를 궁으로 불러 자신 곁에 있도록 한 것이다. 그는 청의 유언대로 유골을 고향으로 보냈으며 그녀를 기리는 여회청대女懷淸臺를 지었다. 진시황에게서 이런 대우를 받은 민간인은 청 외에 그 누구도 없다. 그녀가 이런 대우를 받았던 이유는 단지 단사 등 물자를 많이 공급해서였을까?

여불위

〈사기·화식열전貨殖列傳〉에는 이런 기록이 있다. "파巴에 청淸이라는 과부가 있었는데 조상이 단사丹砂 장사를 하여 여러 대에 걸쳐서 그 이익을 독점했기 때문에 그 자산이 헤아릴 수 없을 정도로 많았다. 그녀는 과부이기는 했으나 가업을 잘 지키고 재력으로 스스로를 지키며 사람들로부터 침범

당하지 않았다. 진시황은 청을 정부貞婦로 인정해 정중하게 대했으며 그녀를 위해 여회청대女懷淸臺를 지었다."

〈화식열전〉은《사기》69번째 열전列傳으로 상업적으로 성공한 사람들을 다룬 내용이다.

위의 기록에서 '정부貞婦'의 뜻을 일반적으로 지조가 굳센 여인이라고 해석한다. 그렇다면 왜 진시황은 절개가 있는 여인을 각별히 대했을까? 그것은 아마 자신의 생모와 깊은 연관이 있을 것이다.

진시황의 생모 조희趙姬는 일찍이 남편 진장양왕秦莊襄王을 여의고 얼마 지나지 않아 재상이었던 여불위를 찾아가 사통한 것도 모자라 노애嫪毐라는 가짜 환관과 몰래 두 명의 아이까지 낳았다. 그후 노애가 반란을 일으켜 영정의 권력을 위협한 적이 있었다.

① 잠깐! 진시황 '출생의 비밀'

〈사기·여불위열전〉에 따르면 전국戰國 시기 진나라와 조나라가 팽팽한 대치상태일 때 진나라 왕자 이인異人은 조나라 수도 한단에 볼모로 잡혀가 있었다. 이때 여불위呂不韋라고 하는 상인이 이인의 처지를 듣고 "기화가거奇貨可居일세." 라고 하며 감탄하였다. 즉 진기한 물건은 미리 사두어 훗날 때를 기다려 내놓으면 더 큰 이익을 볼 수 있다는 뜻이다. 수완이 뛰어나고 이해관계가 빠른 여불위는 그렇게 이인에게 접근하고 신임까지 얻게 된다. 그는 이인이 자신의 애첩 조희趙姬에게 반한 것을 눈치 채고 이인에게 그녀를 주었다. 그러나 이때 조희는 여불위의 아이를 임신한 상태였다.

여불위의 계략으로 다시 진나라로 돌아간 이인은 얼마 뒤 즉위하지만 몇 년 후 죽고 13세였던 아들 영정이 즉위하게 된다. 과부가 된 태후 조희는 재상이자 옛 애인 여불위를 찾아가 자신의 외로움을 달랬다. 하지만 여불위는 이렇게 태후과 사통하다가 언젠가 들키면 어렵게 올라온 지위가 흔들릴 수 있음을 두려워하였다. 고민 끝에 그는 노애嫪毐라고 하는 잘생기고 건강한 남자를 환관으로 위장시켜 조희에게 바치니 예상대로 그녀는 사랑에 빠져 몰래 두 명의 아들까지 낳았다.

가짜환관 노애는 태후의 총애를 믿고 밖에서 진왕 영정의 아버지 행세를 하며 세력까지 모았다. 그러나 이들의 관계가 영정에게 발각되자 노애는 재빨리 반란을 일으키지만 실패하고 만다. 이 사건을 역사에서 노애지란嫪毐之乱이라고 하며 노애는 거열로 비참하게 죽었다. 영정은 조희와 노애 사이에서 태어난 두 아기를 바닥에 내동댕이쳐 죽였다. 여불위도 이 사건에 연루되어 파촉巴蜀 지역에 유배를 가고 결국 거기서 자살로 생을 마감하였다.

하지만 사마천은 〈사기·진시황본기〉에는 진시황이 진장양왕秦莊襄王 즉 이인의 아들이라고 하였으니 동일인이 쓴 저서임에도 불구하고 두 가지 버전이 존재한다. 처음으로 중국역사를 체계적으로 기록할 미션을 받았던 사마천이 자신의 시대보다 100년 앞서 살았던 영정에 대해 기록함에 있어서 분명 본인도 어떤 것이 진짜인지 알기 어려웠을 것이다.

그런 일이 있은 뒤로 그는 어머니를 감금하고 죽을 때까지 보지 않았다고 하니 얼마나 증오했는지 짐작이 간다. 중국 역사상 첫 황제임에도 불구하고 황후를 따로 봉하지 않은 것은 물론 기타 후궁들의 이름도 언급된 바 없다. 잔인하고 의심이 많으며 불로장생에 관심이 많은 일화들은 있어도 다른 제왕들처럼 호색했다는 기록은 찾아볼 수가 없다. 일부에서는 그가 여성혐오증까지 있다고 하는데 어머니의 방탕한 사생활이 그에게는 더없이 큰 충격이 됐을지도 모른다. 천하를 통일한 후 당시 사회에 만연했던 남녀사이의 문란한 풍기를 바로잡고자 윤리도덕과 행위에 관한 규범을 따로 제정하기까지 했으니 이 부분에 대해 각별히 민감했음을 알 수 있다.

그런데 청이라는 이 여인은 수십 년간 남편도 자식도 없이 홀로 지내며 묵묵히 가업을 이어받고 번창시키니 그가 어찌 존경하지 않을 수 있겠는가.

다른 설

흥미롭게도 청이 '무녀巫女'라는 설이 있다. 《사기》에 기록된 "진시황은 청을 정부貞婦로 인정해"라는 대목에서 '정부'는 '절개를 지킨 여인'의 뜻도 있지만 '점치는 여인'의 의미도 있다. 너무 억지스럽다고 생각할 수 있지만 그럴만한 이유가 있다.

청의 고향 파巴 지역은 예로부터 주술사들이 많았던 곳이며 '단사의 고향'이라고 불릴 만큼 단사자원이 풍부한 곳이었다.

주술사들이 많았던 것은 단사와 직접적으로 연관된다. 붉은색은 예로부터 인간의 피와 같은 색이라 하여 신성하고 신비스러운 색깔로 인지되었으며 사람이 죽은 후 붉은색 광물을 무덤에 넣으면 시체와 영혼이 분리가 되지 않는다고 믿었다.

단사는 붉은 색을 띨 뿐만 아니라 녹이면 수은이 되고 수은을 단사에 섞으면 다시 원상태로 복원되는 신비한 특성이 있어 신선술에 이용되었다. 이러한 상황으로 볼 때 청은 단순하게 사업수완이 뛰어난 여성 기업가를 넘어 단사에 정통한 무녀巫女일 가능성이 있다. 진시황이 만년의 청을 궁으로 모신 것도 불로장생에 심취한 그가 그녀를 곁에 두고 자문을 구하고 싶었던 것은 아닐까 싶다.

오늘날 세계를 주름잡는 여성 기업가들이 적지 않다. 20세기 최고의 비즈니스 우먼으로 꼽히는 메리케이 화장품의 창시자 메리 케이, 컴퓨터 회사 휴렛팩커드(HP)의 CEO이었던 칼리 피오리나, 더 바디샵 화장품의 창시자 아니타 로딕, 중국 최대 전자그룹 하이얼의 회장 양미안미안, 한국 신라호텔 대표이사 이부진 등등이 있다. 그러나 이러한 여성 기업가가 남존여비의 사상이 심했던 약 2,200년 전인 진나라 시기에 이미 존재하였다니 참으로 경이로울 따름이다.

제3장

역사상 첫 번째 황후
여치

"저 계집의 팔다리를 잘라라!"

태후의 명령이 떨어지기 무섭게 피와 비명이 터졌다. 황제의 사랑을 한 몸에 받았던 여인의 팔다리가 차례로 잘려나가는 참상에 옆에 있던 궁녀와 환관들은 모두 눈을 질끈 감았다. 그 광경은 차마 눈뜨고 보고 있기가 힘들었기 때문이다. 그러나 이것은 시작에 불과했다. 이어지는 상상하기조차 소름끼치는 잔혹한 명령에 고귀했던 여인은 점점 '인간돼지'로 변해가고 있었다.

태후는 돼지우리에서 꿈틀거리는 그녀를 바라보며 실성한 사람처럼 웃어댔다. 십 년 동안 묵은 체증이 내리는 듯 그제야 속이 후련함을 느꼈다.

예로부터 여자들이 많은 곳에는 늘 시기와 질투가 넘쳐났다. 군주의 사랑을 받아야 살아남을 수 있는 궁에서는 더 말할 나위 없을 것이다. 그녀는 황제가 살아있을 때에는 인자한 얼굴로 모든 것을 너그러이 받아들이며 황후로서의 아량을 베풀다가 남편이 죽자 드디어 본색을 드러냈다. 그런데 왜 많고 많은 후궁들 중에 유독 한 여인에게만 그토록 깊은 원한을 품은 것일까?

젊은 시절 별 볼일 없는 건달 남편을 황제가 되게끔 내조한 인자하고 현명했던 그녀는 어찌하다 중국 역사상 가장 독한 여인이 되었던 것일까?

그녀는 과연 누구인가?

이름: 여치呂雉

출생-사망: BC 241년~BC 180년

출신지: 단부(單父, 지금의 산동성山東省 하택시菏澤市 단현單縣)

직업: 황후, 태후

동네 건달과의 결혼

때는 진秦나라 통치 시기였던 BC 224년경의 어느 날, 패현(沛縣, 지금의 강소성江蘇省 서주시徐州市 패현) 마을이 그날따라 시끌벅적하였다. 멀리 떨어진 단부單父라는 지방의 부호 여씨네가 그곳으로 이사를 와 잔치를 열었기 때문이다.

여공呂公*이 패현 현령과 오랜 친구사이라 그 지역의 유지들과 관리들을 비롯한 많은 사람들이 그의 집으로 모여들어 인사를 건넸다.

새로운 곳에 정착하려면 제일 필요한 것이 인맥인데 현지의 '세력'들과 안면을 틀 수 있는 좋은 기회라 생각한 여공은 그들을 깍듯이

---

* 여공呂公: '공'은 나이든 사람을 이르는 말.

맞이했다. 패현 현령은 중요한 일로 못 오는 대신 밑에 있는 한 관리를 여공의 집에 보내 잡일을 돕게 하였다. 이 관리가 나중에 장량, 한신과 함께 '한초삼걸漢初三傑'이라 불린 소하蕭河이다.

그는 축의금을 걷는 일을 돕던 중 손님이 많아지자 천 냥 이상을 내는 사람만 집안으로 들어오게 하였다. 이때 누군가 만 냥을 적은 수표를 소하에게 전달했다. 이름을 보니 '유방劉邦'이라 써져 있었다. 소하는 속으로 "어이구, 이 사기꾼이 누굴 속이려고⋯⋯"하며 코웃음을 쳤다. 옆에 있던 여공이 어서 들여보내라고 하자 소하는 거짓수표이니 믿지 말라며 말렸다.

여공은 대체 어떤 자인지 궁금하기도 하고 혹여 귀인일지 모르는 사람에게 실례가 될 수도 있다고 생각하여 기어이 그를 안으로 들어오게 했다. 조금 뒤 건들건들 팔자걸음으로 실실 웃으며 들어오는 유방을 보고 여공은 황급히 그를 자리에 모셨다. 그리고는 유방의 얼굴을 유심히 바라보았다.

마치 제집인양 넉살좋게 술을 주거니 받거니 마시고 옆자리에 앉은 사람들과도 친한 친구인 것처럼 웃고 떠드는 그의 얼굴이 여공의 눈에 그렇게 빛날 수가 없었다. 잔치가 끝나고 그는 유방을 따로 조용히 불러 이야기를 나누었다. 한참 뒤 유방은 어리둥절해 하다가 이내 입이 귀에 걸려 집으로 돌아갔다.

유방

그날 밤, 여공의 딸 여치呂雉는 우연

히 부모님의 대화를 듣게 되었다.

"뭐라구요? 아니 전에는 그렇게 좋은 집안들이 청혼해 와도 우리 딸은 귀한 상이라 아무한테나 시집보낼 수 없다고 하더니, 지금 그런 아무것도 없는 건달 놈에게 보내자는 거예요?"

"그 놈은 보통 인물이 아니란 말이오. 지금 당장은 별 볼일 없어 보이지만 크게 대성할거요. 내가 본 관상이 틀린 적이 있소? 이미 그 사람하고 얘기가 끝났으니 좋은 날을 잡아 시집보냅시다."

여치는 속으로 놀랐지만 아버지가 그토록 확신하는 데는 이유가 있다고 생각했다. 이튿날 그녀는 사람을 시켜 유방이라는 사람에 대해 알아보게 하였다. 그러나 곧 크게 실망하게 되었다. 그는 30세 초반으로 동네의 유명한 건달이었다. 매일같이 빈둥빈둥 놀다가 꼴에 동네 친구들은 많이 사귀어서 '꽌시(인맥)'로 정장亭長이 된 자였다.

---

① 잠깐! 정장亭長이란?

정자

우리가 지금 알고 있는 정자亭子의 역사는 꽤 오래되었다. 처음 정자를 만든 목적은 경치를 즐기기 위함이 아니었다. 멀리 넓게 볼 수 있는 다락구조의 작은 건축물을 만들어 마을의 치안을 관리하기 위해서였다. 진秦나라 때, 10리마다 1정亭을 두었는데 정장은 그것을 관리하는 하급관리이다.

작은 관리가 되었지만 골목대장이나 다름없었다. 허구한 날 친구들과 무리지어 으스대면서 거리를 누비다가 간혹 가게주인이 잘 봐달라고 돈을 찔러주면 그 돈으로 술을 사마시곤 하였다. 그런데다가 두세 살 정도 되는 아들까지 딸려 있어 나이 든 아버지가 돌봐주고 있는 상황이었으니 최악의 조건을 갖춘 신랑감이었다.

하지만 당시 여성들은 혼사에 있어서 무조건 부모의 결정을 따라야만 했다. 더구나 누구보다 자신을 아끼는 아버지임을 잘 아는지라 그녀는 평판이 그다지 좋지 않은, 애 딸린 15세 연상남과 결혼해야 하는 운명을 묵묵히 받아들여야만 했다.

현모양처의 공로

결혼을 한 후에도 남편 유방은 여전히 껄렁껄렁한 모습으로 친구들과 몰려 다녔다. 오히려 '있는 집안 딸'을 맞아들인 것에 대한 자부심으로 어깨에 더욱 힘을 주고 거리를 활보했다.

여치

이때 여치는 그야말로 현모양처의 모범이었다. 남편의 적은 월급을 쪼개 살림을 하면서 아무리 어려워도 친정에 손을 내밀지 않았다. 시아버지를 극진히 보살피는 한편, 어린 의붓아들 유비劉肥도 친자식처럼 돌보았다. 남편의 단점보다는 장점을 보려 노력했으며 사람 사귀는 것을 좋아하는 점이 나중에 필히 도움이 될 것이라 믿었다. 가끔 술을 마시고 밤을 새거나 주변사람에게 피해를 줬을 때에는 잔소리보다는 진지하게 조용히 타일렀다.

어느덧 결혼한 지 십여 년이 흘렀다. 그 사이 일남 일녀를 낳은 그녀는 안으로는 남편을 내조하고 아이들을 공부시켰으며, 밖으로는 조그마한 밭을 일구는 등 강한 생활력을 보여주었다. 고왔던 부잣집 아씨의 손은 어느새 인가부터 갈수록 거칠어졌지만 남편을 원망하거나 신세타령 한번 하지 않았다. 언젠가는 남편이 꼭 출세를 하게 될 것이라고 굳게 믿고 있었기 때문이다. 그 기회가 바야흐로 소리 없이 다가오고 있었다.

당시 진시황은 여산(驪山, 지금의 섬서성陝西省 임동현臨潼縣 동남쪽에 있는 산)에 자신의 묘를 짓고 있었는데 유방이 패현 지역의 범죄자들을 그리로 압송하게 되었다. 중도에 술에 취한 그는 범인들이 불쌍하다 싶어 모두 풀어주었다. 그런데 그들이 도망가려고 하던 찰나 앞에 희고 큰 뱀이 나타나 길을 가로막았다. 이때 유방은 검을 꺼내 뱀을 죽이고 그들보고 어서들 도망가라고 하였다. 이에 감동한 범인들은 어차피 자신들을 풀어주면 관아에서 죄를 물을 텐데 차라리 같이 도망가자고 하였다. 유방은 그렇게 되어 집으로 돌아가지 못하고 그들의 두목이 되었다. 이때도 여치는 먼 길을 마다하지 않고 그들의 생필품과 양식을 날라주었다.

BC 209년 진나라가 말기에 접어들 무렵, 농민 출신인 진승陳勝과 오광吳廣이 부패한 정치에 대항하고자 봉기를 일으켰다. 이는 역사상 최초의 대규모 농민봉기였으며 항우項羽, 유방劉邦 등 각지의 군웅群雄들을 촉발시킨 계기가 되기도 하였다.

봉기의 바람은 패현에도 불어왔다. 현령은 이참에 패현의 정권을 자신이 독립적으로 장악하려고 꾀하였다. 그의 부하였던 소하는 사람을 긁어모아야 한다며 인맥이 넓은 유방을 불러들일 것을 제안하였다. 현령은 처음에는 그의 말에 일리가 있다고 생각했지만 이내 평소 사이가 좋은 그들이 나중에 자신의 말을 듣지 않으면 오히려 호랑이 새끼를 키우는 격이 될 것 같았다. 그리하여 곧바로 다시 명을 내려 소하를 잡아들이라 하였지만 이미 이를 눈치 챈 그는 유방한테 가서 피신했다.

여치는 드디어 남편의 '장점'이 빛을 발할 순간이 다가왔다고 생각했다. 그녀는 유방과 함께 사람들을 불러 모아 자기 욕심만 앞선 현령을 제거하고 모두 함께 고향을 지키자고 호소했다. 이에 백성들은 그를 패공沛公으로 모시고 일심동체가 되어 진나라에 반기를 드는 대류에 합류하였다. 이때 유방의 나이 48세였다.

인질로 잡힌 대가

이후 몇 년간 여치는 유방을 따라다니며 그의 곁에서 큰 힘이 되어 주었다. 크고 작은 전쟁을 치르는 동안 후방의 생필품 보급은 물론 가끔 계략도 내놓았다. 유방의 군대는 점점 크고 강대해졌다. 봉기군의 또 다른 강대한 세력은 항우項羽가 이끄는 군대였는데, 처음에 항우군이 월등히 강할 때에는 손을 잡았지만 어느덧 엇비슷해지자 그 관계는 결렬되었다.

BC 206년 유방은 대장군 한신韓信을 앞세워 서초패왕西楚霸王이라 자처한 항우와 4년간의 초한전쟁楚漢之爭을 치르게 된다.

하지만 불행하게도 전란 중 여치는 아이들과 시아버지와 함께 항우의 포로로 잡혀가게 되었다. 어둡고 냄새나는 옥중에서 그녀는 남편이 한걸음에 달려와 줄 거라 믿었다. 하루가 지나고 일주일이 지나고 한 달이 지나도 유방은 오지 않았다. 목숨을 걸고서라도 찾아와 항우와 정면승부를 겨루고 자신을 구해 줄 거라는 믿음은 일 년이 다가도록 실현되지 않았다.

그동안 그 많은 고생을 하면서도 가정을 돌보지 않은 유방을 원망한 적이 없었다. 그러나 이번만은 달랐다. 한 여자가 자신이 남편의 마음속에서 얼마나 중요한 위치에 있는지 확인받고 싶은 순간이기도 했기 때문이다. 아무리 현명하고 사리가 밝은 여자라도 이런 경우에는 욕심을 내고 싶은 법이다.

'처자와 아버지를 버리고 지금쯤 무엇을 하고 있을까?'

분명 피치 못할 사정이 있을 거라고 믿고 싶다가도 지난 20년간 자신은 무엇을 위해 살았나 싶을 정도로 다시 회의감과 배신감이 들기도 하였다.

희망도 믿음도 완전히 사라져 갈 무렵, 항우는 여치와 그 가족들을 풀어주었다. 2년 만에 남편의 품으로 돌아가는 것이지만 그렇게 기쁘지는 않았다. 돌아와 보니 그녀가 알고 있던 남편은 이미 그 전의 유방이 아니었다. 결단력과 박력이 있었고 훨씬 남자답고 멋스러웠다.

그러나 척희라고 하는 젊고 예쁜 여인이 그녀가 있어야 할 자리를 대신하고 있었다. 첩을 들이는 것을 당연시 할 시대에, 그것도 한 발자국만 더 내디디면 황제가 되는 위치에 있는 남편이 다른 여자를 원한다고 해서 문제될 것은 없었다. 자신이 곁에 있을 때 첩을 들이려 했다면 마음이 내키지 않아도 선뜻 나서서 주선했을 지도

척희

모른다. 하지만 항우에게 잡혀 포로가 되어 온갖 고생을 하고 있을 그 시간 동안 유방이 다른 여자를 끼고 즐겼다는 것은 도저히 받아들일 수 가 없었다. 마음속으로는 피눈물이 났지만 그래도 조강지처인데 담담한 척, 쿨한 척 웃어야 했다. 그것이 더 고통스러웠지만 그래야만 했다.

기원전 202년, 유방은 천하를 통일하고 진나라 이후 두 번째 통일제국의 황제이자 역사상 첫 평민 출신의 황제가 되었다. 진나라에서 황후를 세우지 않은 이유로 여치는 역사상 첫 황후가 되었다. 이 자리에 오르기까지 겪은 일들을 떠올리니 참으로 감개무량하였다. 하지만 유방의 옆에서 눈웃음을 치는 척희를 보자 순간 머리에 뜨거운 열이 차올랐다. 동고동락한 자신과 달리 밥이 다 될 때 쯤 나타나 숟가락을 얹은 데다 남편의 사랑까지 앗아간 그녀가 너무 가증스러웠다. 고진감래의 기쁨을 자기 대신 다른 여자와 누리고 있는 유방 또한 너무 미웠다.

의미가 남다른 그날도 유방은 척희의 처소에서 밤을 보냈다. 여치에게도 척희처럼 젊고 아름다운 시절이 있었지만 20년간의 힘든 살림과 전란으로 이제는 거칠고 무뚝뚝한 40대 여인이 되어 있었다. 남편의 사랑을 잃었으니 자신을 만족시켜줄 만한 것은 권력밖에 없음을 깨달았다. 그러려면 누구보다 계산적이고 독하며 모질어야만 했다. 그것이 그녀의 허기를 달랠 수 있는 유일한 방법이었다.

첫 번째 위기

여치는 점점 겉과 속이 다른 무서운 여자로 변해갔다. 유방 앞에 서는 부처의 얼굴을 하고 척희에게 잘해주었다. 또한 대신들에게 접근하여 하나 둘 자기 사람으로 만들었다.

하지만 척희는 이제 갓 스무 살 된 터라 단순하기 그지없었다. 그녀는 자신이 여후의 미움을 산 것은 알고 있으나 유방만 자기편이 되어 주면 아무런 위험이 없을 거라 생각했다. 궁에 그녀의 세력은 아무도 없었고 오로지 유방뿐이었다. 또한 아들 유여의劉如意가 훗날 황제가 되고 자신이 태후가 된다면 감히 누구도 해치지 않을 것이라는 순진한 생각을 하기에 이른다. 그리하여 유방을 붙잡고 밤낮으로 울면서 애원했다.

"저희 모자가 앞으로 목숨을 부지할 수 있는 방법은 여의가 태자로 되는 방법밖엔 없습니다. 폐하가 어느 날 안계시면 황후마마께서 저를 가만히 두지 않겠죠. 그때 죽을 바엔 아예 지금 죽어버리는 게 낫겠네요. 흑흑……"

유방은 척희가 불쌍하기도 하고 자신을 가장 많이 닮은 유여의를 아끼던 참에 마음이 동했다. 하지만 몇 년 전 그는 이미 여후의 소생인 유영劉盈을 태자로 세웠는데 이 중요한 문제를 어찌 그렇게 가볍게 번복할 수 있단 말인가. 그는 척희에게 진지하게 고려해 볼 테니 조금만 기다리라고 달랬다.

소식이 여후의 귀에 들어가자 그녀는 화가 치밀었다.

"이제는 내 아들의 자리까지 탐내?"

척희에 대한 증오는 더욱 깊어졌고, 유방에 대한 실망감 또한 더욱 커졌다. 남편이 그 자리에까지 오르게 된 데는 자신의 공로도 매

명나라 장노張路의 〈상산사호商山四皓〉

우 컸는데 이제 와서 개구리가 올챙이 적 생각을 못하다니 어이가 없었다. 그래도 꾹 눌러 참고 당장 급한 불부터 꺼야 했다. 그녀는 오빠인 여택呂澤을 유방의 모사였던 장량張良에게 보내 방도를 묻게 하였다.

장량은 "폐하가 일찍부터 상산사호商山四皓의 재능을 탄복하여 모시려 하였지만 그들은 늘 부름에 응하지 않았습니다. 만약 태자가 그들을 모시고 폐하 앞에 나타난다면 문제가 해결될 겁니다." 고 조언했다.

여기서 '상산사호'란 진시황 집정 시기 70명 박사관博士官들 중의 네 명으로, 진나라 말 전란을 피해 상산에 은거한 동원공東園公, 하황공夏黃公, 녹리선생甪里先生, 기리계綺里季 등 네 현인을 말한다.

여후는 당장 실행에 옮겼다. 그는 여택을 통해 태자가 쓴 친필편지와 값진 예물을 그들에게 전했다.

어느 날 조회 때, 유방은 태자 유영의 옆에 수염이 하얀 노인 네 명이 있는 것을 보고 누구냐고 묻자 그들은 각자 자신의 이름을 댔다. 유방은 깜짝 놀라며 "그렇게 모셔도 안 오시더니 태자의 부름에 달려온 것은 무엇 때문입니까?"라고 물었다.

한 명이 나서 대답했다.

"난폭하고 책을 싫어하는 폐하와는 달리 태자는 인자하고 겸손하며 문인을 아끼니 당연히 따를 수밖에요."

다른 때 같았으면 크게 노했을 유방이었건만 그날따라 차분했다. 그는 "그럼 태자를 잘 부탁합니다."라고 한 뒤 조회를 끝냈으며 태자교체 문제는 그 후 다시는 거론되지 않았다.

토사구팽

여치는 황후가 된 후 점차 자신의 세력을 만들어 나갔는데 그 중에 후환이 될 만한 사람들은 가차 없이 제거하기로 결심했다. 첫 타깃은 명장 중의 명장인 한신韓信이었다. 그는 한나라의 으뜸가는 개국공신으로 만약 그가 없었다면 천하는 어쩌면 유방 것이 아닌 항우의 것이 되었을지도 몰랐다.

한나라가 건립된 후 십 년 동안 여후는 한신을 유심히 관찰했다. 그는 인재임에는 틀림없지만 분명 나중에 크게 후환이 될 수 있는 인물이었다.

첫째, 한신은 가장 중요한 전쟁들에서 천재적인 군사능력을 발휘한 장군으로 많은 장수들이 그를 따랐다. 이런 사람이 나중에 반란이라도 일으키면 유방이 열 명이라도 당해낼 수가 없을 것이다.

둘째, 유방은 그래도 사람 부릴 줄 아는 능력이라도 있지만 태자 유영이 훗날 황제가 되면 한신 같은 대신은 감당해 내기가 벅찰 것이다. 오히려 연약한 태자가 그에게 조종당할 수도 있었다.

셋째, 한신의 성격은 고지식하고 솔직하며 콧대가 높아 사람의 견제를 받기에 충분했다. 초한전쟁 때 그는 유방에게 자신을 제나라

왕齊王으로 봉할 것을 요구했다. 유방은 요구를 들어주었지만 그로 인해 한신에게 경계심을 품었다. 한나라가 건립된 후 명분만 있는 초나라 왕楚王으로 봉해졌다. 그 뒤 모반죄의 누명을 썼다가 다시 사면되고 회음후淮陰侯로 강등되었다.

그 후 그는 평소 자신이 얕잡아봤던 이들과 같은 위치에 있는 것을 수치로 생각했다. 한번은 번쾌樊噲가 그에게 인사를 건네자 그는 돌아서며 "내 생에 번쾌와 같은 열에 서다니!"하고 어이없는 듯 웃었다. 유방이 항우와 전쟁을 벌일 당시 번쾌는 자신의 지시를 받던 부하장수이었던 데다 젊을 때 도살업을 했던 출신이라 깔봤던 것이다. 그러나 번쾌는 유방과 같은 고향친구이고 여후의 매부이기도 했는데 한신이 그토록 안하무인이었으니 여후의 블랙리스트에 오를 수밖에 없었다.

여후는 한신을 벼르고 있었지만 딱히 명분이 없이 공격할 수 없었다. 그러던 BC 196년, 진희陳豨라는 자가 반란을 일으켜 유방이 직접 제압하러 나섰지만 한신은 병을 핑계로 참전하지 않았다. 사실 한신은 회음후로 강등된 후 비관하던 참에 진희의 반란에 가담한 상태였다. 누군가의 밀고로 이 사실을 알게 된 여후는 소하를 시켜 한신을 유인해 입궁하게 하였다.

원래 한신은 항우가 거느린 군에 있었지만 중용되지 못했다. 그의 재능을 알아보고 유방에게 추천한 사람이 소하인지라 한신은 그를 믿었다. 하지만 궁에 들어서자 매복하고 있었던 무사들에 의해 살해되었다. 여후는 후환을 없애기 위해 한신의 삼족三族을 몰살하였다.

전쟁터에서 돌아온 유방은 한신이 죽었다는 말에 안타까워하면서도 한편으로는 기뻐하였으니 그의 죽음은 사실상 시간문제일 뿐 정해진 운명이었다.

잔인한 복수

BC 195년 6월, 유방은 61세의 나이로 세상을 떴다. 태자 유영이 한혜제漢惠帝로 즉위하고 여후는 자연히 태후가 되었다. 이제 세상은 그녀의 것이었다. 척희는 하늘이 무너진 것 마냥 통곡했지만 여치는 눈물 한 방울 흘리지 않았다. 남편에 대한 사랑은 이미 식은 지 오래되었기 때문이다. 어쩌면 속으로 빨리 죽기만을 기다렸을 지도 모른다. '여자가 한을 품으면 오뉴월에도 서리가 내린다.'는 말이 있듯이 여자의 '한恨'이란 그만큼 무서운 것이다.

여태후는 눈물범벅이 된 척희에게 쓴웃음을 지으며 차갑게 한마디 던졌다.

"그만 울게나. 그런다고 죽은 사람이 살아나는 것도 아니고. 그 힘 아꼈다가 나중에 쓰게."

그동안 온실 속의 화초처럼 살았던 척희는 어느 날 갑자기 그 온실의 비닐이 벗겨지자 무방비상태로 외부에 노출된 것이나 다름이 없었다. 이제 남은 건 여후라는 거인이 다가와 여지없이 짓밟는 일뿐이었다.

일단 여태후는 구실을 대어 척희를 냉궁冷宮*에 가두고 하루 종일 쌀을 찧게 하였다. 머리를 풀어헤치고 죄수복을 입은 그녀는 물

---

* 냉궁冷宮: 죄를 지은 황후나 후궁이 벌을 받는 곳.

과 음식도 제대로 먹지 못하고 일만 해야 했다. 자살조차도 그녀에겐 허락되지 않았다. 여후는 사람을 보내 24시간 그녀를 감시하도록 하였다. 그녀가 고통스럽게 서서히 죽어가는 것을 봐야만 그동안 참아왔던 분노와 증오도 녹을 것만 같았다.

원래부터 노래 부르기를 좋아했던 척희는 쌀을 찧으며 자신의 처지를 한탄했다.

子爲王,	아들은 왕이고,
母爲虜.	어미는 노예라네.
終日春薄暮,	하루 종일 쌀을 찧어,
長與死爲伍.	죽음과 벗이 되네.
相离三千里,	삼천리 떨어진 너에게,
當使誰告汝.	그 누가 대신 이 소식 전할꼬.

이 노래는 〈영항가永巷歌〉로 나중에 《한서漢書》에 기록된다.

척희의 일거수일투족을 보고받은 여태후는 이 지경에도 아들의 구원을 바라는 그녀가 가소롭기 짝이 없었다. 여태후는 척희의 마지막 희망이었던 아들 유여의를 먼저 죽여 후환의 싹을 자르고 그녀에게 더 큰 고통을 주기로 결정했다.

이때 유여의는 이미 유방에 의해 조왕趙王으로 임명되어 멀리 있는데다 충신인 주창이 보좌를 하고 있었다. 여태후가 세 번이나 조왕 유여의를 궁으로 불렀음에도 불구하고 그는 병을 이유로 오지 않았다. 전에 태자교체문제로 유방이 주창에게 의견을 물었을 때 그가 태자 유영의 편을 들었던 적이 있어 여태후는 주창을 함부로 제거할 수 없었다. 고민 끝에 그녀는 먼저 주창을 입궁하라고 한 뒤 그 사이 유여의를 불러들였다.

그런데 예상치 못한 방해자가 나타났다. 다름 아닌 여태후의 친아들 한혜제 유영劉盈이 이복동생의 구세주를 자청한 것이었다. 심성이 착했던 그는 어머니가 동생을 해치려 한다는 것을 알고 그와 숙식을 함께 하기로 하였다. 그 바람에 여태후는 손을 쓸 기회가 없었다.

어느 날 아침, 사냥을 나가려던 유영은 원래 유여의도 데리고 가려 하였으나 간만에 깊은 잠이 든 그를 보고 그냥 자게 내버려두었다. 서둘러 사냥을 끝내고 궁에 돌아오니 이미 그는 피를 가득 흘린 채 침대위에 죽어 있었다. 유영은 너무 놀라 사시나무 떨 듯 부르르 떨다가 동생을 부둥켜안고 통곡했다. 자신의 어머니가 이렇게까지 잔인한 사람인지 알게 된 후 그는 충격에 빠졌다. 하지만 이는 시작에 불과했다.

이제는 척희의 차례였다. 여태후는 그녀에게 약을 먹여 벙어리로 만들고 사지를 잘랐다. 그리고는 그녀의 아름다운 두 눈을 도려내고 귀에 뜨거운 김을 불어넣어 귀머거리로 만들었다. 그녀의 비명소리에 여태후는 마귀할멈처럼 웃어댔다. 박희薄姬라는 여자도 유방의 총애를 받은 후궁이었지만 이 정도로 밉지는 않았다. 고의든 아니든, 어쨌든 그녀가 가장 힘들고 외로울 때 남편의 사랑을 독차지한 것과 태자를 교체하도록 유방을 종용한 것이 가장 큰 죄였다. 어느덧 비명소리에 이어 신음소리조차 들리지 않자 여태후는 그제야 십년동안 쌓인 분이 풀린 듯 '인간돼지'의 모습을 한 척희를 돼지

우리에 처넣도록 하였다.

며칠 뒤 여태후는 아들 한혜제에게 자신이 만든 '걸작'을 보여주었다. 그는 아무 생각 없이 따라갔다가 못 볼 광경을 보고 말았다. 돼지우리에서 돼지들에게 이리저리 치이는 물체가 있어 유심히 보니 사람 같기도 하고 돼지 같기도 하였다. 옆에 있던 내시가 귓속말로 척희라고 하자 그는 혼비백산한 나머지 그 자리에서 기절해버렸다.

아들과 외손녀의 근친혼

BC 192년, 여태후는 18살인 한혜제 유영을 위해 신붓감을 고르고 있었다. 자신처럼 야심 있는 여자를 황후로 택했다가는 골치 아플 수 있으니 신중을 기해야 했다. 이래저래 고민하다가 결국 가족끼리 결혼을 시켜야 안심할 수 있을 것 같았다. 그래서 내린 결론이 친딸 노원공주魯元公主의 딸 장언張嫣 즉 아들과 외손녀를 결혼시키기로 하였다.

한혜제는 몇 년 전 인간돼지 사건으로 공포에 휩싸여 병을 얻은 상태였는데 조카와 결혼하라는 어머니의 명 때문에 또 한 번 정신적인 충격을 받게 되었다.

유영은 어릴 때부터 조카를 무척 귀여워했고 장언도 삼촌을 잘 따랐지만 이는 단지 정상적인 삼촌과 조카의 관계였다. 하지만 이제부터 그들은 비정상적인 부부관계가 되어야만 했다. 그렇게 한혜제는 갓 10살이 된 조카 장언을 황후로 맞아들였다.

그는 삶의 의욕을 완전히 잃었다. 반항을 할 힘도 능력도 없었다. 그저 영혼 없는 허수아비처럼 어머니가 시키는 대로만 했다. 그러

나 단 한가지만은 도저히 따를 수가 없었
는데 바로 어린 조카와 합방하는 일이었
다. 침대에서 벌벌 떨고 있는 그녀를 볼 때
마다 죄책감이 들어 미친 듯이 괴로웠다.

한혜제 유영

여태후는 그런 아들의 고민을 조금이라
도 아는지 모르는지 황후가 임신을 못하자
그녀더러 임신한 척하라고 하고는 한혜제
와 다른 후궁이 낳은 아들 유공劉恭을 강
제로 빼앗아 태자로 봉했다. 그의 생모는 당연히 죽임을 당했다.

BC 188년 한혜제는 끝내 우울증으로 죽었다. 그는 죽으며 "세상
에 어찌 이렇게 독하고 무서운 어머니가 있을까."라고 한탄하였다.
그리하여 유공은 어린 황제가 되고 14살인 장언은 유명무실한 황태
후가 되었다. 36살까지 조용히 살다가 죽은 그녀는 중국역사상 유
일한 처녀황후이다.

아들이 젊은 나이에 죽었는데 여태후는 우는 시늉만 낼 뿐 눈물
을 보이지 않았다. 그 눈에는 슬픔보다는 수심이 가득했다. 이를 본
장량의 아들이자 당시 15세의 나이로 시중侍中이 된 장벽강張辟疆
이 승상 진평陳平에게 물었다.

"하나밖에 없는 아들이 죽었음에도 태후께서 슬피 울지 않는 이
유를 아시는지요?"

"그대는 아시오?"

진평이 반문했다.

"태후마마께서는 어린 소제少帝가 나이 든 대신들을 통제하지 못
할 것을 미리 염려하고 계십니다. 만약 승상께서 지금 태후마마의

조카인 여대呂臺, 여산呂産, 여록呂祿을 장군으로 임명하고 여씨 가족들을 입궁시켜 대권을 장악하게 하면 마마께서도 그제야 안심하실 겁니다. 그것이 또한 승상께서 화를 면하는 방법이기도 하지요."

장벽강의 말에 일리가 있다고 생각한 진평은 바로 행동에 옮겼다. 그러자 여태후는 과연 크게 기뻐하더니 그제야 아들의 죽음이 생각나는지 슬피 울기 시작하였다.

'여씨천하'는 그렇게 시작되었다. 그녀는 어린 유공을 황제로 앉히고 자신이 수렴청정하며 황권을 장악하였다.

그녀는 자신의 통치를 강화하기 위해 친인척을 요직에 앉히고 반대하는 자가 나타나면 설령 유씨성을 가진 왕이어도 죽였다. 여씨성을 가진 형제자매와 조카 십여 명이 이때 제후로 봉해졌는데 그 중에는 여동생 여수呂嬃도 포함되었다.

좌승상 왕릉王陵이 보다 못해 한마디 하였다.

"유씨가 아닌 사람이 왕이 되면 천하가 불복할 것입니다."

여치는 그의 승상직을 해임시키고 황제에게 글을 가르치게 하자 그는 병을 핑계로 고향에 돌아갔다.

그녀는 좌승상 자리에 자신의 애인인 심이기審食其를 앉히고 대부분 국가대사는 그와 의논했다. 유씨종친과 대신들은 속으로 불만을 품어도 겉으로는 복종할 수 밖에 없었다.

황제 유공은 점차 자라면서 생모가 여치의 손에 죽었다는 것을 알자 이성을 잃었다. 아직 어려 세상물정을 몰랐던 그는 해서는 안 될 말을 내뱉고 말았다.

"어찌 태후마마가 내 어미를 죽여 다른 사람의 아들로 둔갑시킬 수 있단 말인가? 내가 어른이 되면 반드시 복수할 것이야!"

이 사실을 알게 된 여치는 그를 폐위시키고 사람을 시켜 몰래 죽였다. 그리고는 생모가 확실치 않은 상산왕常山王 유의劉義를 소제少帝로 앉히고 유홍劉弘이라 개명시켰다.

여씨 천하의 종말

BC 180년, 여치는 병으로 드러누웠다. 얼마 남지 않았다는 것을 안 그녀는 죽기 전에도 여씨천하의 미래를 잊지 않았다. 자신이 죽으면 유씨 왕과 제후들이 들고 일어나 정변을 일으킬 테니 병권을 잘 장악해야 하며 궁을 절대 비워서는 안 된다고 조카들에게 신신당부하였다. 8월, 여치는 62세의 나이로 세상을 떴으며 한고조 유방과 합장되었다.

그녀의 예상대로 유씨 집단과 여씨 외척집단의 전쟁은 불가피하였다. 각자 음모를 꾸미고 있을 때 병권을 쥐고 있었던 여록呂祿의 딸 여씨가 남편이자 유방의 손자인 주허후朱虛侯 유장劉章에게 여씨 가문의 계획을 말해줌으로써 친정을 배신하고 만다. 유장은 곧바로 이를 맏형인 제왕齊王 유양劉襄과 승상 진평陳平, 대장군 주발周勃 등 대신들에게 알렸다.

그들은 들고 일어나 피의 전쟁을 치렀으며 그 결과 유씨 집단의 승리로 막을 내렸다.

여씨 성을 가진 자라면 남녀노소를 불문하고 모두 죽임을 당했다. 아예 여씨의 뿌리를 뽑기 위해 어린 황제 유영도 한혜제의 친아들이 아닐 수 있다는 이유로 황위를 박탈했다. 그의 황후도 여씨였는데 장차 크면 제2의 여치가 될지도 모르기 때문이다. 새로운 황제를 옹립함에 있어서 가장 중요한 요인은 생모의 친정세력이 있는지 여부였다.

그리하여 선발된 사람이 유방의 넷째 아들이자 박희薄姬의 소생인 대왕代王 유항劉恒이었는데 그가 바로 5대 황제 한문제漢文帝이다.

유방이 죽은 뒤 15년 동안 조정을 쥐락펴락한 여치는 사실상 이후 정치에 발을 디딘 모든 여인들의 롤모델이 되었다. 그녀의 대부분 생애는 〈사기·여태후본기史記·呂太后本紀〉에 기록되어 있는데 이는 《사기》 중 유일하게 단독으로 기록된 여성 전기傳記이다.

역사상 가장 지독한 여인의 대표적인 인물이지만 어느 정도의 정치적인 공로도 있음은 부인할 수 없다. 그녀는 자신의 통치기간 중에 유방이 채택한 도가道家의 황로사상黃老思想을 이어받아 '무위이치無爲而治'*의 이념으로 통치하여 민생을 안정시켰다. 또한, 진시황 때 정해졌던 협서율挾書律**을 폐지하고 백성들이 책을 많이 읽고 소장하며 분서갱유로 없어진 고전을 다시 살릴 것을 격려하였는데 이는 이후의 문경의 치文景之治***를 위한 밑거름이 되었다.

사마천은 《사기》에서 이렇게 그녀를 평가하였다.

"그녀가 굳이 정치를 하지 않아도 천하가 태평하였고, 형벌을 내리지 않아도 죄인이 적었다. 백성들이 경작에만 집중하니 의식이 풍족했다."

---

* 무위이치無爲而治: 자연에 순응하여 백성에게 지나친 간섭을 하지 않아도 천하가 저절로 잘 다스려진다는 도가의 기본 사상.

** 협서율挾書律: 민간에서 책을 소장하는 것을 금지한 법.

*** 문경의 치文景之治: 문제文帝와 경제景帝가 집정한 시기로 한나라 가장 풍요로운 시대를 이르는 말.

어쩌면 그녀의 잔인함은 궁에서만 사용된 무기였을 뿐, 사마천의 말대로 백성에게는 인자했을 지도 모른다. 그도 그럴 것이 그녀도 과거엔 그저 남편과 자식을 위해 천을 짜고 밭을 매는 아낙네였지 않은가.

모든 것은 뿌린 대로 거두는 법이다. 어려운 형편에도 꿋꿋이 이겨낸 덕분에 역사상 첫 황후가 되었지만 권력을 잡은 후 행한 악한 행동들 때문에 죽어서 가장 잔인한 벌을 받았다.

《후한서後漢書》에 따르면 전한前漢 말기, 적미군赤眉軍이라는 농민군이 봉기를 일으켰는데 그들은 유방과 여치의 무덤을 파헤쳐 안에 들어있는 보물을 훔친 것도 모자라 여치의 시체를 능욕한 뒤 파괴하였다고 한다.

역사상 첫 황후 여치의 최후는 그토록 비참했다.

제4장

궁녀출신 흉노왕비
왕소군

풍악이 울리자 하얀 면사로 눈 밑을 가린 궁녀 다섯 명이 사뿐사뿐 걸어 나와 춤을 추었다. 한원제가 저편에 앉은 흉노왕을 향해 술잔을 들자 흉노왕은 호탕하게 웃으며 잔을 비웠다. 춤과 풍악이 동시에 끝나고 궁녀들이 가쁜 숨을 몰아쉬며 조심스레 꿇어앉았다.

"호한야 선우에게 얼굴을 보여드려라."

그녀들이 천천히 면사를 벗자 흉노왕보다 더 놀란 사람은 한원제였다. 화공이 그린 그림과는 전혀 다른 아리따운 모습에 혼이 쏙 빠졌다.

특히 가운데의 궁녀는 눈부시게 아름다웠다. 이런 여인이 궁에 있었다는 것을 왜 그동안 몰랐을까 싶은 표정으로 한원제는 그녀에게서 눈을 떼지 못했다. 자신도 평생 처음 보는 이 아름다운 여인을 오랑캐에게 줘야 하다니, 남 주기에 너무나도 아까운 그녀였지만 군자일언 중천금이거늘 이제 와서 번복할 수 없으니 정말 속이 타는 노릇이었다.

한원제는 흉노왕이 그녀를 택하지 않기를 빌었다. 하지만 그것은 불가능한 소원이었다. 흉노왕이라고 해서 여자를 보는 눈이 다르랴. 그는 역시나 가운데의 궁녀를 골랐다.

　이튿날 한원제는 울며 겨자 먹기로 흉노왕과 그녀에게 성대한 결혼식을 올려주었다. 그 후 그녀는 낯선 이국땅에서 두 명의 흉노왕을 차례로 섬기며 한나라의 문화전도사가 되어 그곳 백성들의 칭송을 받았다.

　4대 미녀 중 한 명으로도 꼽히는 그녀는 아름다운 미모는 물론 '평화의 여신'으로 오래오래 전해져내려 오고 있다.

그녀는 과연 누구인가?

이름: 왕소군王昭君

출생−사망: 약 BC 52년~약 BC 19년

출신지: 자귀(秭歸, 오늘의 호북성湖北省 의창宜昌 흥산현興山縣)

직업: 흉노왕비

일본 에도시대 구스미 모리카게久隅守景가 그린 왕소군

한원제

붓에서 결정된 운명

왕소군, 왕장王嬙이 본명이고 소군은 자字였으나 후에 이름으로 불리게 되었다. 그녀는 자귀(秭歸, 오늘의 호북성 의창 홍산현 湖北省 宜昌 興山縣)라는 곳의 한 평범한 농부의 딸로 태어났다.

어렸을 때부터 유달리 예뻤던 왕소군은 십대가 되자 그 아름다움이 눈부시게 피어났다. 그녀의 미모는 인근마을들에까지 자자하게 소문나게 되었다.

BC 38년, 한원제漢元帝 유석(劉奭, BC 74년~BC 33년, 재위 BC 49년~BC 33년)이 한나라 제11대 황제로 즉위하자 전국에서 미인을 뽑아 궁으로 불러들였다. 자귀에서 으뜸의 미모로 명성이 자자하던 왕소군도 당연히 궁녀로 뽑혀 들어가게 되었다. 하나밖에 없는 딸이라 각별히 애지중지 키웠던 그녀의 부모는 보내기 싫었지만 황제의 명이라 거역할 수 없었다. 그리하여 왕소군은 정든 고향을 떠나 수도 장안으로 가게 되었다.

'후궁가려 삼천인'이라더니 궁에는 미인들로 넘쳤다. 자신들의 고향에서 미모로 명성이 자자했던 궁녀들은 이내 현실을 깨닫게 되었다. 황제의 은총을 받기는커녕 얼굴 한번 보기가 하늘의 별따기만큼 어려웠던 것이다.

어느 날 한 화공이 궁녀들이 모여 있는 곳으로 왔다. 황제를 제외한 모든 남자들의 출입이 금지된 곳에 그가 들어오게 된 이유는 따로 있었다. 한원제는 수천이나 되는 궁녀를 일일이 다 만나본다는 것이 불가능했기 때문에 화공을 시켜 그녀들을 그리게 한 후, 그림을 보고 마음에 드는 이를 불러들이려 했다.

약간 구부정한 등에 긴 수염을 쓰다듬으며 작은 눈으로 궁녀를

훑어보는 화공은 모연수毛延壽라는 자였는데 궁녀들은 자기 차례가
오면 슬머시 그에게로 다가가 돈을 찔러주었다.

　그림이란 그리는 사람이 어떻게 그리냐에 따라 천차만별로 달라
지는 주관적인 작업이다. 조금만 신경을 써서 그리면 평범한 여자
도 미녀로 둔갑시킬 수 있는 반면, 아름다운 얼굴도 마음만 먹으면
추녀로 만들 수 있었기에 황제를 만날 수 있냐 없냐의 열쇠는 모연
수가 쥐고 있다고 해도 과언이 아니었다. 그의 주머니는 점점 불룩
하게 튀어나오고 입에서는 콧노래가 절로 나왔다.

　드디어 왕소군의 차례가 되었다. 그녀를 본 모연수는 그 자리에
굳어버렸다. 그동안 수많은 궁녀들을 보았지만 이렇게 아름다운 궁
녀는 처음이었다. 입을 헤벌리고 쳐다보다가 붓이 떨어지는 바람에
정신을 차렸다. 그림그리기를 시작하려다가 그녀가 따로 돈을 챙겨
주지 않은 것이 생각났다.

명나라 구영仇英의 〈한궁춘효도漢宮春曉圖〉

"최선을 다하여 그려드리겠습니다. 분명 폐하께서 마음에 드시도록 말이죠."

넌지시 눈치를 주었음에도 그녀는 의자에 꼿꼿이 앉아있을 뿐 아무런 반응을 보이지 않았다.

모연수는 궁에 들어온 지 얼마 안 되는 그녀가 '룰'을 모르나 싶어 다시 한 번 '경고' 했다.

"승은을 입을 수 있는 기회라는 걸 잘 아시죠? 그건 제 손에 달렸습니다."

하지만 그녀는 미소를 지으며 "잘 부탁드립니다."고 말하고는 끝내 주머니를 열지 않았다. 사실 왕소군은 '룰'을 잘 알고 있었지만 어려운 집안 형편에 그런 돈을 쓰고 싶지 않아 그저 운명에 맡기기로 하였던 것이다.

모연수는 속으로 그런 그녀가 괘씸했다. 그는 곧 눈썹을 치켜세우고 왕소군의 얼굴을 한번 훑어본 후 무성의하게 대충 붓을 놀리고는 눈 밑에 커다란 점까지 찍었다. 그는 완성된 실물과 전혀 다른 추녀를 보고 코웃음 치며 생각했다.

'흥, 절세의 미인이라 한들 나한테 밉보이면 아무 소용없는 거야.'

그리하여 왕소군은 몇 년 동안 황제의 얼굴 한번 못보고 쓸쓸한 궁 생활을 하게 되었다.

흉노와의 화친

BC 33년, 매일 반복된 일상을 보내고 있는 궁녀들에게 오랜만에 새로운 뉴스가 들려와 수다거리를 제공해주었다.

"호한야 선우가 지금 궁에 와있대."

"아, 몇 년 전에도 왔던 그 흉노왕?"

"응, 근데 이번에는 화친하러 왔다네? 또 어떤 공주마마가 시집가려나. 아휴, 불쌍해라. 거기 가면 물 대신 양젖, 밥 대신 양고기만 먹는대."

"이번에는 궁녀들 중에서 뽑는다는 소문이 있어."

"뭐라고? 정말?"

여기저기에서 새떼들처럼 흉노와 화친에 대해 아는 모든 것을 이야기하느라 정신이 없었다. 행여 자신들이 뽑힐까 전전긍긍하는 이들에서부터 평생 황제의 얼굴 한번 못보고 궁에서 늙어갈 바엔 흉노의 왕비라도 되면 어떨까 하는 이들까지 열띤 토론은 식을 줄 몰랐다.

청나라 진매陳枚의 〈월만청유도月曼淸游圖〉

흉노의 화친에 대해 이야기하려면 한고조 유방의 재위 시기로 거슬러 올라가야 한다. 유방이 한나라를 건국한 후, 승리의 기쁨도 잠시 또 다른 골칫거리가 생겼다. 진시황 때부터 힘을 모아 기회만 있으면 쳐들어오던 흉노의 세력이 더 커졌기 때문이다. BC 209년, 묵돌선우가 아버지 두만頭曼선우를 죽이고 북방 초원의 민족들을 통일하여 최초의 유목국가遊牧國家를 세웠다.

BC 201년, 묵돌선우가 흉노군을 이끌고 남하하여 한나라를 위협하자 유방은 직접 그들을 정벌하러 나섰다. 그러나 오히려 백등(白登, 지금의 산서성山西省 대동大同에 위치한 산 이름)에서 대패하고 흉노군 30만 명에게 7일 동안 포위당하는 굴욕을 당하게 된다. 모사 진평陳平이 묵돌선우의 부인에게 금은보화를 바치며 남편을 설득하여 포위를 풀어주게 해달라고 부탁해서야 유방은 겨우 목숨을 건지게 되었다.

이 사건 이후 유방은 무력을 통해 흉노를 대항한다는 것은 거의 불가능하다는 사실을 깨닫게 된다. 이때 신하 유경劉敬이 제안하기를 "공주마마를 흉노에 시집을 보내면 한나라와 그들은 친척이 되는 것이니 더 이상 쳐들어오지 않을 것입니다." 라고 하자 유방은 수긍했지만 문제는 누구를 보내냐는 것이었다. 그에게 공주라곤 여후와 낳은 노원공주魯元公主 한 명 뿐이었기 때문이다. 더구나 흉노의 근거지는 초원과 사막지대로 생활방식이 중원과 전혀 달라 궁에서 곱게 자란 공주에게는 큰 고통이 아닐 수 없었다. 여후와 의논하자 그녀는 펄펄 뛰며 강력하게 반대하였다. 어쩔 수 없이 유방은 황실 종친의 딸을 공주로 봉해 흉노에 시집을 보냈다. 그리하여 중국 역사상 첫 화친이 이루어졌고 유방은 한 숨을 돌릴 수 있었다. 화친의 내용에는 공주뿐만 아니라 매년 비단, 곡물 등을 바쳐야 했다. 유방에게는 대단한 굴욕이었지만 당시만 해도 흉노가 군사적 우위를 차지했기에 모두 받아들여야만 했다.

한무제(漢武帝 BC 156년-BC 87년, 재위 BC 141년-BC 87년) 때 와서 다시

전쟁을 개시하였다. 혈기왕성했던 무제는 흉노에게 굽실거리는 것에 대해 자존심이 허락하지 않았다. 더구나 그때 한나라의 국방력은 이미 강해져 흉노와 충분히 대항하고도 남을 것 같았다. 그는 여러 차례에 거쳐 흉노를 정벌하였지만 멸할 수는 없었다. 왜냐하면 그들은 멸하면 잠시 흩어졌다가 유목민족의 특성을 이용하여 다시 응집되어 세력을 키우는 것을 반복했기 때문이다. 한무제는 평생 흉노와 싸웠지만 결국 실패하고 말았다.

한선제(漢宣帝, BC 91년-BC 49년, 재위 BC 74년-BC 49년) 재위 시기, 흉노는 귀족간의 권력 쟁탈로 인해 국력이 점차 약해져 갔다. 다섯 명의 선우가 일어났는데 그중 호한야呼韓邪 선우가 형 질지선우郅支單于에게 패하여 많은 군사를 잃었다. 이에 호한야는 한나라와 화의할 것을 결심하고 선제를 배알하러 장안으로 왔다. 그때 한선제는 직접 장안 교외로 나가 호한야를 맞이했으며 성대한 연회를 베풀어 환대해주었다. 그가 돌아갈 때는 두 장군을 파견하여 만여 명의 군사를 데리고 그를 배웅해 주었을 정도였다. 또한, 흉노에게 양식이 부족하다는 이야기를 듣고 3만4천석의 양식을 지원하기도 하였다. 서역각국은 한나라가 호한야에게 잘하는 것을 보고 너도나도 한나라와 교류하기 시작하였다.

궁녀들이 들은 소문대로 이번에 호한야가 온 목적은 화친이었다. 한원제도 화친정책으로 흉노와의 관계를 유지하는 것이 바람직하다고 생각되었다. 그러나 역시 또 부닥친 문제는 누가 그 희생양이 되느냐는 것이었다. 아무리 종친의 딸을 보낸다고 하지만 그들도 유씨 성을 가진 황실이라 환경이 열악한 타국에 보낸 다는 것이 마음에 걸렸다. 더구나 흉노는 내분으로 예전의 묵돌선우 때와는 비할 바 없이 세력이 약화된 상태에서 군이 황실 종친을 보낼 필요가 없을 것 같았다.

한원제는 묘한 수가 떠올랐다. 그동안 그림으로 봐왔던 못생긴 궁녀들 중에서 골라 보내면 흉노와 형식상의 사돈지간을 맺을 수 있다고 생각되었다. 그리하여 다시 그림을 가져오게 한 후 그중에서 다섯 명을 골라 연회 때 선심 쓰는 척 호한야에게 직접 고르라고 할 참이었다. '추녀' 왕소군은 너무나도 당연하게 포함되었다.

면사를 쓰고 들어와 춤을 출 때까지만 해도 한원제는 그중에 그렇게 아름다운 여인이 있을 거라고는 꿈에도 생각하지 못했다. 춤이 끝나고 면사를 벗자 그녀들은 모두 그림과 전혀 다른 모습들로, 단지 모연수에게 뇌물을 먹이지 않은 궁녀들이었다. 특히 왕소군의 미모는 눈이 부셔서 쳐다보는 자체만으로 눈이 호강할 정도였다. 한원제는 이런 여인을 자신이 직접 골랐다는 것에 미치도록 분했지만 이미 엎질러진 물을 주워 담을 수는 없는 노릇이었다. 호한야가 왕소군을 고르자 모든 상황은 종료되었다.

이튿날 원제는 왕소군을 공주로 봉하고 성대한 결혼식을 치러주었으며 많은 금은보화를 예물로 하사했다. 별로 기대하지 않고 왔다가 뜻밖의 엄청난 선물을 받게 된 호한야는 입이 악어처럼 벌어

금나라 궁소연宮素然의 〈명비출새도明妃出塞圖〉

졌다. 한원제는 장안에서 십리 떨어진 곳까지 그들을 바래다주었다. 수레에 다소곳이 앉은 새 신부 왕소군을 흘끔흘끔 쳐다볼 때마다 그는 속으로 분통을 터뜨렸다.

궁으로 돌아온 한원제는 모연수 등 화공들을 굴비 두름처럼 묶어 사형에 처해버렸다. 하지만 이미 떠나간 그녀는 돌아올 수 없었다. 몇 개월 뒤 한원제는 병으로 세상을 떴다.

평화의 여신

이역만리 타국으로 가는 길은 멀고도 험난했다. 바람에 휘날린 모래가 안개처럼 앞을 가렸지만 여전히 길을 재촉했다. 고향을 뒤로 한 채 떠나던 왕소군이 말안장에 앉아 쓸쓸히 비파를 탔다. 이때 날아가던 기러기들이 그녀의 미모와 비파소리에 취해 날갯짓을 잊고 땅으로 떨어졌다. 그리하여 그녀는 후에 낙안落雁이라는 별칭을 얻었다.

강을 건너고 산을 지나 끝내 흉노의 영토인 막남(漠南, 지금의 내몽고)에 도착하였다. 호한야는 왕소군을 영호연지寧胡閼氏로 봉하고 그녀를 정말 아껴주고 사랑해주었다. 왕소군도 처음에는 여러 가지로 불편함이 있었으나 점차 그 곳 생활에 적응하고 아들 이도지아사伊屠智牙師를 낳았는데, 훗날 그는 우일축왕右日逐王이 되었다.

여성의 얼굴 치장용으로 쓰이는 연지臙脂는 옛날에 燕脂, 燕支, 焉支라고도 하였는데 그 기원에는 크게 두 가지 설이 있다.

첫 번째는 은殷나라 주왕 때 제후국인 연燕나라 여성들이 홍람화(紅藍花, 또는 홍화) 꽃잎을 가공한 것으로 화장한 것이 시초라고 한다.

두 번째는 흉노가 주로 살았던 지역에 연지산焉支山이라는 산이 있는데 그 곳에도 홍람화(홍화)가 많이 피어 흉노 여성들이 이것을 가공하여 치장하였다고 한다. 본문의 연지閼氏도 연지焉支에서 온 것으로 추정되며 여기서는 흉노왕비라는 뜻이다.

왕소군은 중원에서 가져간 보물과 문물을 아낌없이 베풀었다. 흉노에 없는 곡식 종자, 비단, 경작방법 등은 그곳 삶의 질을 높여주었으며 특히 가져간 약들은 많은 흉노 백성들을 살리게 되었다. 또한 왕소군이 온 이후로 더 이상 전쟁을 하지 않아 사람들은 평화로운 생활을 하게 되었으니 모두들 그녀를 한나라에서 온 구세주라며 떠받들었다.

그러나 결혼한 지 3년째 되던 BC 31년, 호한야가 죽었다. 흉노의 제도에 의해 후계자 복주루선우復株累單于 조도막고雕陶莫皐의 아내가 되어야 했다. 그런데 그는 호한야의 정실부인의 아들로서 왕소군에게는 의붓아들이 되는 관계였다.

이번에도 왕소군에게 선택의 여지가 없었다. 다행스럽게도 복주루선우는 호한야 못지않게 왕소군을 존중하고 사랑하였으며 그들 사이에는 차례로 두 딸이 태어났다. 이들은 나중에 흉노귀족들에게 시집갔다.

한나라에서도 왕소군이 평화를 위해 노력한 공로를 인정했다. 한 원제의 뒤를 이은 한성제漢成帝는 왕소군의 오빠들을 후작侯爵에 봉하고 많은 녹봉을 하사하였다. 그들은 여러 차례나 흉노에 사신으로 파견되었는데, 왕소군을 만나 집안의 안부를 전하고 회포를 풀었다. 또한, 왕소군의 딸들을 장안으로 불러 황후를 모시도록 배려하는 등 그녀에게는 이때가 가장 행복하고 보람되던 시기였다.

진정한 미를 보여주다

원치 않는 곳으로 와서 원치 않은 결혼을 두 번이나 했지만 기구한 운명은 끝나지 않았다. 의붓아들 복주루선우에게 재가한 지 11년이 되던 BC 20년에 그마저 세상을 떴다. 더 이상 흉노의 땅에 있어야 할 이유가 없다고 생각한 왕소군은 한성제漢成帝에게 귀국시켜 줄 것을 요청했지만 허락되지 않았다.

이후 왕망王莽이 반역하여 한나라를 멸망시키고 신新나라를 건국하자 흉노가 즉각적으로 반발했다. 왕망이 스스로 즉위한 것을 알게 된 흉노의 선우는 "유씨가 아닌 황제는 인정할 수 없다!"고 선언했다. 흉노가 수시로 국경을 침범하자 왕소군과 이전의 선우들이 그토록 노력하여 이룩한 평화가 흔들리기 시작했다.

어느 곳으로도 갈 수 없는 진퇴양난의 갈림길에서 방황하고 좌절하던 왕소군은 젊은 나이에 유명을 달리 했다.

왕소군은 서시, 초선, 양귀비와 함께 중국 고대 4대 미인이라 불린다. 그들은 모두 자신이 처했던 시대 또는 전체 중국 역사에서 미모가 가장 뛰어난 미인들이다. 그러나 서시, 초선, 양귀비 등에게 있어 아름다움이란 상대 남성이 정사政事를 멀리하도록 하는 유혹의 무기였지만 왕소군만은 예외였다. 그녀가 자의든 타의든 흉노에 시집가게 됨으로써 한나라와 흉노는 반세기 넘는 동안 전쟁을 하지 않았다. 전쟁의 가장 큰 피해자는 백성인데 그녀로 인해 양국 백성들은 평화롭고 안정된 생활을 하게 되었다. 그녀의 공로는 흉노 정벌에서 이름을 떨친 위청, 곽거병 등 장군들보다 백배 더 크고 그 희생은 천배 더 값지다. 왕소군이야말로 '4대 미인'이란 타이틀에 가장 부합되는 진정한 미인이다.

지금도 중국 내몽고 지역에서 그녀의 흔적을 찾을 수 있다. 그러나 한 가지 의아하게 생각할 수도 있는 점은 그녀의 무덤이 한 곳이 아닌 여러 곳에 있는 것이다. 그것은 흉노 백성들이 그녀를 추모하기 위해 여기저기에 무덤을 만들었기 때문이다. 왕소군은 한나라에서 흉노 땅에 보낸 가장 위대하고 아름다운 보물이다.

내몽고 호화호특呼和浩特에 위치한 청총靑家의 왕소군과 호한야선우 조각상

제5장

위대한 여사학자

반소

송나라 때 소순흠苏舜钦이라고 하는 시인이 《한서漢書》를 읽으면서 술 마시는 것을 즐겼다. 그는 흥미로운 대목을 읽을 때마다 잔에 가득 담긴 술을 들이켰는데 이를 두고 '한서하주漢書下酒', 즉 《한서》로 안주를 삼는다는 말이 생겼다.

한서하주

여기서 《한서》라는 책에 대해 생소한 분들은 대체 어떤 책이기에 그토록 재밌을까 궁금할 법도 하다.

《한서漢書》는 중국 역사서의 최고 걸작으로 치는 사마천의 《사기》 다음으로 중요한 정사正史의 대표적 역사서이다. 위의 고사성어 이야기는 《한서漢書》가 당시 사회에 끼친 문화적 영향력과 사서로서의 매력이 충분함을 설명하는 사례이다. 역사 이야기 자체의 재미도 있겠지만 완벽에 가까운 서술이 없었다면 후대의 지식인들에게까지도 그토록 사랑받지는 못했을 것이다.

그럼 저자는 누구일까?

대부분의 자료에서는 반고班固라고 알려져 있다. 그러나 사실 여기에는 한 여성도 참여했고 그녀로 인해 최종 마무리 되었으며, 중국 역대 왕조의 정사正史로 인정되는 24사二十四史 중 유일하게 여성이 편찬에 참여한 사서이기도 하다.

고대에 여성이 비집고 들어갈 학문의 분야가 많지 않았지만 사학 분야는 특히 그랬다. 역사도 늘 남성 사학자들에 의해 주도되어 왔으며 실제로 《사기史記》를 저술한 사마천司馬遷, 《자치통감資治通鑑》을 편찬한 사마광司馬光, 《삼국지三國志》를 저술한 진수陳壽 등은 모두 남자이다. 그러나 위대한 여성 사학자는 존재했다.

그녀는 과연 누구인가?

이름: 반소班昭

출생-사망: 약45년?~117년?

출신지: 부풍 안릉(扶風安陵, 지금의 섬서陝西 함양咸陽 동북지역)

직업: 역사학자

영광의 가문

반소는 후한後漢 시기의 여성으로, 기원 후 45년경에 태어났다. 그녀의 또 다른 이름은 희姬이고 자는 혜반惠班이다.

반소

아버지 반표班彪는 사학과 유학의 대가였고 큰 오빠 반고는 유명한 사학자이자 문학가이며《한서》의 저자이기도 하다. 작은 오빠 반초班超는 중국 역사에서 탁월한 군사가이자 전략가로서 우리에게도 익숙한 "호랑이의 굴에 들어가지 않고 어찌 호랑이를 잡을 수 있으랴!"라는 명언의 주인공이기도 하다.

> ### ⓘ 잠깐! 후한後漢 시기란 언제?
>
> BC 206년, 고조 유방劉邦이 세운 한漢나라는 210년 동안 유지되다가 AD 9년에 외척 왕망王莽이 황위를 찬탈하면서 종막을 맞는다. 왕망은 국호를 '신新'이라 하고 황제가 되었지만 불과 16년 만에 유방의 9세손 유수劉秀에 의해 멸망되었다. 유수는 다시 한나라를 재건하고 유씨 천하를 이어갔는데 그가 바로 광무제光武帝이다.
>
> 유방이 세운 한을 전한前漢, 유수에 의해 재건된 한은 후한後漢이라 부른다. 또한 수도가 각각 장안長安, 낙양洛陽이었는데 장안이 낙양보다 서쪽에 있어 전한을 서한西漢, 후한을 동한東漢이라고도 한다. 후한의 존속기간(25년~220년)은 196년으로, 총 14명의 황제가 있다. 후한이 멸망한 다음 우리에게 친숙한 삼국지三國志의 시대가 도래하게 된다.

대대로 관직을 역임했던 반씨 집안은 지금의 말로 표현하자면 엘리트가문이었다. 가족의 영향으로 어려서부터 유가경서와 사서를 정독했던 반소는 천문과 지리 등 분야에서도 박학다식하였다.

반표는 현령縣令으로 지냈으나 나이가 들면서 건강이 좋지 않자 관직을 그만두고 그동안 틈틈이 연구하며 정리했던 사학에 전념하였다. 그는 사마천의 《사기》를 읽고 또 읽으며 감탄해마지 않았으며 자신도 사서를 편찬해 보고 싶다는 열망을 가지게 되었다. 특히 그는 《사기》의 후속편이 되는 한무제漢武帝 이후의 100여 년의 역사를 기록하고 정리하는 것에 도전하려 했다. 이는 반표와 같은 꿈을 가지고 있었던 몇몇 학자들에 의해 이미 시도되었지만, 《사기》의 후속편이라고 하기에는 부족함이 많았다.

---

① 잠깐! 사마천과 《사기》에 대하여

사마천

사마천(BC 145년 혹은 135년~약 BC 90년 혹은 87년)은 전한 시기 사람으로 자는 자장子長이고 하양(夏陽, 오늘의 섬서성陝西省 한성시韓城市)에서 태어났다.

부친 사마담司馬談은 천문을 관찰하고 사건을 기록하며 나라의 도서를 관장하는 등 일을 하는 태사령太史令이었다. 그런 아버지의 영향으로 사마천은 어릴 때부터 역사책 속에 파묻혀 살았으며 스무 살 때는 전국 각지의 사적지를 여행 다니며 견문을 넓히기도 했다.

사마담이 사망한 뒤 사마천도 태사령이 되었다. 아버지의 유언대로 그가 쓰다 만 《사기》의 집필을 위해 자료 수집을 시작하였다. 그러던 중 사마천은 흉노에게 투항한 이릉李陵장군을 변호하다 황제인 한무제의 노여움을 사 궁형(宮刑, 생식기를 제거하는 형벌)을 받았다. 옥중에서도 그의 저술은 계속되었으며 얼마 지나 출옥하였다. 한무제의 신임을 회복한 그는 재상직과 맞먹는 중서령中書令이 되어 《사기》의 저술에 혼신의 힘과 열정을 쏟아 부었다. BC 91년, 사마천은 드디어 《사기》를 완성하였다.

《사기》는 전설속의 황제(3黃5帝)시대부터 사마천이 살았던 한무제漢武帝 시기까지 3000여 년의 역사를 기록하였는데 구성은 본기本紀 12권, 연표年表 10권, 서書 8권, 세가世家 30권, 열전列傳 70권, 총 130권으로 52만여 자에 이른다.

본기本紀는 역대 제왕의 생애를 기록한 것이고, 표表는 연대표를, 서書는 경제·과학·역법·천문·예법·치수 등에 대한 전장제도典章制度를 저술했다. 그리고 세가世家는 제후국과 제후들에 대한 기록이며, 열전列傳은 그 외의 중요한 역사인물들에 대한 전기를 주로 담았다.

사마천의 정확한 사망연도와 사인은 알려지지 않고 있다. 불후의 저서를 남긴 그는 후세 사람들에게 '사성史聖'이라 불린다.

반표는 역사에 대한 해박한 지식과 뛰어난 문필로 《사기후전史記後傳》 65편을 저술하고 54년 세상을 떴다. 그해 반소의 나이는 열 살 정도였다. 늦둥이로 태어나 아버지의 사랑을 유난히 많이 받은 그녀는 박학다식하면서도 열정이 강했던 아버지를 매우 존경했다. 어릴 때부터 사람들이 아버지의 명성을 듣고 멀리에서 찾아와 가르침을 받는 것을 보고 어린 그녀도 학자의 꿈을 꾸었다. 그런 마음 속의 '우상'이 어느 날 사라지고 말았으니 청천벽력 같은 사건이 아닐 수 없었다.

유업을 잇다

충격을 받은 건 반소뿐이 아니었다. 몇 년 전 도읍 낙양의 태학으로 유학을 떠난 오빠 반고班固가 아버지 소식에 짐을 싸고 돌아왔다. 며칠 동안 실의에 빠져 보내던 반고는 서재에서 반표가 저술한 《사기후전史記後傳》을 보고 유업을 계승하기로 결심하였다. 기존 내용을 보완하고 전체 구성도 조금씩 바꾸었으며 쓰다 만 부분도 계속해서 저술하였다. 그리하여 반고는 《사기후전》에 기초하여 한나라 유방 시대부터 왕망의 난까지의 역사를 정리한 《한서漢書》의 집필을 기획하게 되었다. 그런 오빠의 옆에서 반소는 자료조사에 동참하거나 자신의 의견을 피력하기도 했다.

14살 되던 해, 반소는 같은 마을의 조세숙曹世淑*에게 시집을 갔다.

내성적이고 여성스러운 그녀와는 달리 남편은 성격이 호탕하면서도 배려심도 깊어 어울리는 한 쌍이었다. 그들은 서로 존중하고 아껴주며 행복하게 살았으니 동네에 금실 좋은 부부로 소문이 자자하였다. 아들 둘을 낳고 남부러울 것 없이 단란하게 살고 있을 무렵, 남편이 갑자기 병으로 죽었다. 아버지를 잃은데 이어 남편까지 잃은 슬픔은 이루 말할 수 없었다. 홀로 어린 자식들을 키운 반소는 평생을 재혼하지 않고 살았다. 그 일대 사람들은 부녀를 존칭할 때

---

* 세숙世淑: 아버지보다 나이가 적은 사람이나 아버지 친구에 대한 호칭으로 작은 아버지 또는 삼촌의 의미이다. 이는 본명이 아닐 가능성이 많다. 반소를 주인공으로 한 연극들에서 그녀의 남편 이름을 조수曹壽라고는 하나 역시 확실치 않다.

'대고大家'*라 하였기에 그녀는 남편의 성씨를 딴 '조대고曹大家'라고
도 불렸다.

이 시기 그녀에겐 하루도 편할 날이 없었다. 얼마 뒤인 62년, 큰
오빠 반고가 《한서》의 집필에 몰두 하고 있을 때 누군가 그를 국사
國史를 개작한다고 고발하였다. 당시 개인이 역사를 저술하는 것은
불법이었다. 관아에서 압수수색하니 원고들이 발각되는 바람에 결
국 옥에 갇히게 되었다.

그녀의 친정은 투옥된 반고로 인해 위기를 맞았다. 가족 모두가
혹시라도 그가 사형에 처해질까 조마조마해 하며 안절부절 못했다.
어머니는 매일 눈물로 밤을 지새우더니 끝내 드러눕고 말았다. 작
은 오빠 반초는 이리저리 형의 소식을 알아보고 다니다가 결국 직
접 낙양에 가서 황제에게 상소를 올렸다.

당시 황제인 한명제漢明帝는 사건의 전말을 알게 된 후 반고의 재
능에 감탄하여 교서부校書部**의 난태영사蘭台令史***로 임명하였다.
자료조사를 함에 있어서 그 곳보다 더 좋은 환경은 없을 것이다. 처
벌을 받지 않고 오히려 《한서漢書》를 계속 집필하라는 한명제의 특
명까지 받았다. 이에 그는 황제의 은덕에 감사해하며 더욱 열정을
갖고 혼신의 힘을 다하여 집필에 몰두하였다.

그러나 훗날 한화제漢和帝 때 대장군 두헌竇憲이 반역을 획책했

---

* 대고人家: 여기서 '家'는 '집 가'가 아닌 부녀자 또는 시어머니를 뜻하는 '고'이다. 지식백과 등
  자료에서 '조대가'라고 하는 것은 잘못된 정보이다.

** 교서부校書部: 궁중 도서를 보관하는 곳.

*** 난태영사蘭台令史: 도서를 관리 및 수정하는 관직.

다는 혐의를 받을 때 그를 따라 흉노 정벌에 나섰던 반고도 연루되어 투옥되었다.

반고는 《한서漢書》의 구성으로 기紀 12편, 표表 8편, 지志 10편, 전傳 70편 등 총 100권으로 기획하였다. 20여 년에 걸쳐 주요부분은 완성하였지만 표表 8편과 천문지天文志만 남겨두고 92년, 61세의 나이로 옥중에서 사망하고 말았다.

반고

한서를 마무리하다

반고가 죽은 후 《한서》를 마무리 지을 수 있는 사람은 반소밖에 없었다. 아버지 반표 때부터 내려오던 가업과도 같은 일인데다, 반고가 집필할 때 바로 옆에서 직접 보고 배우면서 조언까지 했던 그녀는 당연히 최고의 적임자일 수밖에 없었다. 한화제는 그녀를 궁으로 불러 《한서》를 마저 저술할 것을 명하고 동관東觀*의 출입을 허락하였다.

표表 8편과 천문지天文志는 무척이나 어려운 작업이었다. 풍부한 사학과 천문학, 수학 등의 지식이 요구되었다. 다행히 반소는 어릴 때부터 이 방면에 해박한 지식을 가지고 있던 데다, 대학자 마속馬續도 그녀를 도와주어 작업을 마칠 수 있었다.

---

* 동관東觀: 황실도서관

드디어 반소는 중국 역사상 첫 단대사斷代史*인 《한서》를 전부 마무리하여 아버지와 오빠의 숙원을 이루었다.

《한서》가 세상에 나오자 학자들 사이에서 높은 평가를 받았다. 표表 8편과 천문지天文志는 반소가 독립적으로 완성한 부분임에도 불구하고 그녀는 겸손하게 모두 반고의 이름으로 편찬하였다. 대부분의 사람들이 《한서》의 저자를 반고로만 알고 있는 것도 그러한 연유 때문이다.

《한서》는 고대문자를 많이 사용한 탓에 사람들이 읽는데 어려움이 많았다. 이에 반소는 동관장서각에서 그에 관한 강의를 하였다. 당시 위에서 언급한 학자 마속의 동생이기도 한 마융馬融 등 많은 지식인들이 그녀의 강의를 들었다. 또한, 반소의 학식은 한화제의 인정을 받아 몇 번이나 궁에 초청되어 황후와 황족들을 가르쳤다. 한화제가 죽은 뒤 그의 아들 유융劉隆이 등극하였지만 아직 어려 등태후鄧太后가 수렴청정을 하였는데, 반소는 황제의 스승 자격으로 정사에도 참여를 하였으며 정치가로서의 재능을 보여 태후에게 큰 힘이 되기도 했다.

그녀는 《한서》 외에도 《동정부東徵賦》라는 저서를 남겼다. 《동정부》는 반소가 아들을 데리고 진류(陳留, 지금의 하남성河南省 개봉시开封市 진류진陳留鎭)에 갔을 때 직접 겪은 경험들을 기록한 작품이다.

---

* 단대사斷代史: 한 왕조에 한정하여 기술한 역사서.

여자의 한계

　반소가 남긴 저서 가운데 《한서》와 함께 가장 대표적으로 알려진 작품은 《여계女誡》이다. 반소는 《여계》를 통해 〈비약卑弱〉, 〈부부夫婦〉, 〈경신敬慎〉, 〈부행婦行〉, 〈전심專心〉, 〈곡종曲從〉, 〈숙매叔妹〉 등 정숙한 부녀의 도道를 7장으로 나누어 논술하였다. 총 글자 수는 2,000자 내외밖에 되지 않지만 내용이 놀랍도록 풍부하다.

　그 가운데 특히 〈부행〉의 내용이 눈길을 끈다. 〈부행〉에 따르면 여자는 네 가지의 행함이 있는데 이는 각각 부덕婦德, 부언婦言, 부용婦容, 부공婦功이다. 부덕은 반드시 특출하게 총명해야 하는 것은 아니고, 부언은 반드시 말솜씨가 있어야 하는 것은 아니며, 부용은 반드시 얼굴을 아름답게 가꾸어야 하는 것이 아니고, 부공은 반드시 타인보다 손재주가 있어야 하는 것은 아니라고 하였다.

　보다 상세하게 풀이하자면 맑고 조용하며 정조가 바르고 지조를 지켜 몸가짐을 바로잡고 자신의 행동에 창피를 알며 언행을 예에 맞게 하는 것이 부덕婦德, 말을 가려서 하고 나쁜 말은 입에 올리지 않으며 시기를 살피어 발언을 함으로써 타인의 반감을 사는 일이 없도록 해야 하는 것이 부언婦言, 먼지와 때를 씻어내고 옷차림을 깨끗이 하며 목욕을 제때에 하여 몸에 더러움이 없게 하는 것이 부용婦容, 길쌈에 전념하고 장난이나 웃음을 멀리하고 좋은 음식솜씨를 갖추어 손님을 접대하는 것이 부공婦功이라고 하였다.

　고려 때 나온 《명심보감明心寶鑑》에도 이에 관한 내용이 언급되며 약 1,500년 후 태어난 신사임당 또한 어릴 때부터 《여계》를 읽고 나중에 현모양처의 대명사가 되지 않았는가. 《여계》는 이외에

청나라 초병정焦秉貞의 〈역조현후고사도曆朝賢后故事圖〉 속
등태후

도 여성으로서 지켜야
할 도에 대해 조목조목
명시하였다. 이런 내용
을 담았기에 이 책은
'현모양처賢母良妻'가
되기 위한 여성들의 교
과서와 같이 여겨지게
되었다.

《여계》가 수천 년간 여성 교육의 훈육서로 중국 여성사를 이해하
는데 많은 도움이 된 것은 부인할 수 없는 사실이다. 그러나 한편으
로 아쉬운 부분도 있다. 당시 한나라는 유교를 국교로 채택하고 유
가적 문화가 발달했던 시대였다. 여자는 태어난 순간부터 남자와는
다른 대우를 받아야 하고 아내에게 있어서 남편의 존재는 지고지존
의 자리에 있어 하늘과 같으며, 여자에게만 반드시 정조를 지켜야
함을 강조했던 시대적 한계를 반소 역시 뛰어넘을 수 없었다.

어찌 보면 유교사상을 받아들인 동양 국가들의 여성들이 《여계》
를 지침서로 삼다보니 이후 수천 년간 억압과 속박에서 벗어나지
못하고 참고 감내해야만 하는 비참한 인생의 서막이 열리지 않았나
싶다.

국장으로 예우 받다

102년 둘째 오빠 반초가 흉노정벌로 서역에서 30년이 넘도록 귀
향하지 못하고 있었다. 이에 반소는 황제에게 상소를 올려 그를 귀

향시켰지만 고령의 반초는 먼 길을 오느라 지쳐 한 달 만에 세상을 떠났다.

약 117년 사학계의 홍일점이었던 반소도 세상을 떴다. 등태후는 소복을 입고 애도하였으며 국장으로 치르도록 명하고 반소의 큰 아들 조성曹成을 나라에서 세 번째로 높은 작위인 관내후關內侯로 봉하도록 했다. 그런 일련의 조치에서 반소에 대한 믿음과 존경이 잘 나타난다.

반소는 채문희蔡文姬, 이청조李淸照, 상관완아上官婉兒와 함께 '중국 고대 4대 재녀才女' 가운데 한 명으로 꼽히며 중국 첫 여성 역사학자라는 영광의 지위를 점유하고 있다. 여성으로서 사학의 가장 높은 성취를 이룩한 반소에게 깊은 존경을 바친다.

ⓘ 잠깐! 반소의 조고모 반첩여

청나라 안희원顏希源의
〈백미신영도전百美新詠圖傳〉
속 반첩여

반소의 조고모祖姑母인 반첩여(班婕妤, BC48년-AD2년)도 역사에서 유명한 인물이다. '첩여婕妤'는 후궁 혹은 여관의 품계로 그녀의 이름은 전해지지 않는다. 아버지 반황班況은 한무제 시기 흉노를 정벌하는 전쟁에서 공을 세운 장군이었다. 그녀는 어릴 때부터 총명하여 글재주가 뛰어났다.

BC32년, 유오劉鷔가 서한 제11대 황제 한성제漢成帝로 즉위하자 그녀는 품계가 낮은 소사少使로 입궁하였다. 한성제는 어질고 지적이며 우아한 그녀에게 반하여 총애하다가 첩여로 봉했다. 참고로 한나라 후궁은 차례로 소의昭儀´ 첩여婕妤´ 형아娙娥´ 용화容華´ 미인美人´ 팔자八子´ 충의充依´ 칠자七子´ 양인良人´ 장사長使´ 소사少使´ 오궁五宮´ 순상順常´ 무연舞涓 등 14개 품계로 나뉜다.

반첩여는 얼마 뒤 아들을 낳았지만 몇 달 만에 요절하고 말았다.

어느 날 한성제는 하인들에게 명해 특별 제작한 마차를 타고 반첩여와 산책을 나가려 하였다. 그러자 그녀는 "고대 그림 속 명군들을 보면 그 옆에는 모두 현명한 신하들이 있습니다. 반면 하나라, 은나라, 주나라 왕들 옆에는 총애 받는 왕비들이 앉아 결국 나라가 망하고 말았지요. 신첩도 늘 폐하의 옆에 있어 그들과 다를 바 없는 결과를 낳을까봐 두렵습니다." 라고 말하여 호의를 거절했다. 한성제도 그녀의 말을 듣고 일리가 있다 생각되어 산책을 그만두었다.

당시 태후였던 왕씨는 이 소문을 듣고 "과거에 번희樊姬가 있었다면 오늘날에는 반첩여가 있구나!" 고 하며 그녀를 크게 치하하였다. 번희는 춘추시대 초장왕楚莊王의 부인으로 내조를 잘하여 남편으로 하여금 '춘추오패春秋五霸' 중 하나로 되게 한 현명한 여인이었다.

하지만 한성제는 초장왕이 아니다. 얼마 뒤 조비연과 조합덕 자매가 입궁하자 반첩여는 찬밥신세가 되었다. 조씨 자매는 미모와 춤으로 한성제를 유혹하여 총애를 독차지했다. 그뿐만 아니라 허황후와 반첩여를 모함하기까지 하였다.

반첩여는 자신의 지혜로 위기를 모면하였지만 더 이상 후궁의 암투에 엮이고 싶지 않았다. 그녀는 스스로 장신궁長信宮으로 물러나 태후를 모시며 지냈다. 거기서 홀로 외로운 나날들을 보내다가 마흔 쯤 생을 마감했다.

제6장

삼국시대 제일 재녀才女
채문희

　드넓은 초원을 가로지르는 십여 명의 행렬이 길을 재촉하고 있었다. 수레에 앉은 이국 옷차림의 여인은 얼핏 보면 고향을 떠나는 사람 같았지만 사실은 12년 만에 고국에 돌아가는 것이었다. 하지만 그녀는 마냥 마음이 설레고 벅차지만은 않았다. 가지 말라며 목 놓아 울던 어린 두 아들들의 모습이 눈앞에 아른거려 가슴이 찢어지는 듯 했다.

　인간은 모순적인 동물이다. 끝없이 펼쳐진 초원과 하얀 양떼들을 바라보고 있으니 마음 한편으로는 안도의 숨이 새어나왔다. 메마른 바람마저도 상큼하게 느껴지는 것 같았다. 십여 년 전 흉노 병사들에게 끌려 이곳을 지날 때에는 처량하다 못해 비참하기 그지없었다.

　"그래, 원래부터 여긴 내가 있어야 할 곳이 아니야."

　어미로서 모진 생각을 하다가도 어느 샌가 또 아이들의 얼굴이 떠올랐다.

　드디어 고국의 땅을 밟는 순간 실감이 났다. 다시 돌아오지 못할

것 같았던 이곳에 자신이 있음을. 전란으
로 인해 걸식하며 떠도는 백성들이 헤아릴
수도 없었고 굶어 죽은 시체들도 부지기수
였다.

조조

궁궐만큼이나 호화로운 저택 앞에서 행
렬이 멈췄다. 수레에서 내린 그녀가 사자使
者에 의해 정중하게 안내되어 안으로 들어
갔다.

"조승상, 모시고 왔습니다."

7척(삼국 시기의 1척은 대략 23cm)의 크지 않은 키에 가느다란 눈을
가진 남자가 긴 수염을 쓸어내리며 성큼성큼 다가와 그녀를 맞이했
다. 그는 난세의 영웅 조조였다.

"오시느라 고생 많으셨소."

구면의 그를 보자 여인은 그동안의 설움이 생각나기도 하고 자신
을 구해준 것에 대한 고마움에 말없이 뜨거운 눈물만 흘렸다.

명문귀족 규수에서 오랑캐의 포로가 되었다가 겨우 풀려난 그녀,
삼국지에 등장하는 조조와는 또 어떤 사이였던 것일까?

그녀는 과연 누구인가?

이름: 채문희蔡文姬

출생-사망: 미상

출신지: 진류어(陳留圉, 지금의 하남성河南省 개봉시开封市 기현杞縣 어

　　　진于鎭)

직업: 서예가, 시인

학자의 딸로 태어나다

채옹

채문희蔡文姬는 후한 말 진류어(陳留圉, 지금의 하남성河南省 개봉시开封市 기현杞縣 어진于鎭)에서 출생하였다. 채문희의 이야기에 빠질 수 없는 것이 바로 그녀의 아버지 채옹蔡邕이다. 삼국연의를 읽은 분들이라면 초반에 나오는 그를 기억하실지 모르겠다. 그는 대 문학가이자 천문, 수리 그리고 음률에 정통한 인재로 유명 인사였다.

그녀가 태어나기 전 채옹은 고위직을 역임하던 교현橋玄이라는 인물에 의해 관직에 나서게 된다. 그는 오래전부터 채옹의 명성을 들었던지라 조정에 적극 천거하였던 것이다. 그리하여 채옹은 '황실 도서관'에 해당하는 동관東觀에 나가 고대문서의 판독과 교정에 종사하게 되었다. 학식에 못지않은 행정능력을 인정받은 그는 승진을 거듭하여 요직에 진출하였다.

채문희는 그런 능력자인 아버지의 외동딸로 태어나 각별한 애정과 기대를 한 몸에 받고 자랐다. 전해지는 말에 의하면 그녀가 백일 때 돌잡이를 하였는데 상위에는 붓, 활, 화살, 거울, 백은 등이 있었다고 한다. 많은 사람들이 숨을 죽이고 보는 가운데 그녀는 망설임 없이 붓을 잡았다. 그러자 사람들은 일제히 "역시~!"하면서 함성을 터뜨렸고 채옹도 만족한 듯 껄껄 웃었다.

이때 조조曹操는 위에서 언급한 교현의 소개로 채옹을 알게 되어 자주 그의 집을 드나들며 가르침을 받았다. 조조는 채옹의 학식에 탄복하여 스승으로 모셨고 채옹은 자신보다 22살 어리지만 기개가 있고 겸손한 조조를 기꺼이 제자로 받아들였다. 날이 갈수록 마음이 통한 두 사람은 나이 차이를 개의치 않고 친구처럼 흉금을 터놓기도 했다. 조조가 훗날 문학, 음악 등에서도 업적을 남길 수 있었던 것은 채옹의 영향이었을 것이다.

그러던 중 불행이 닥쳐왔다. 후한 말, 황제가 전혀 실권이 없어 외척들과 '십상시十常侍'라는 환관들이 전횡을 일삼았는데 이때 학식과 인품이 뛰어난 채옹 같은 인물은 경원되기 마련이다. 솔직하고 고지식했던 채옹은 모함을 당하게 되었고 목숨마저 위태로운 지경에 빠졌다. 그래도 워낙 청렴하여 민심을 잃지 않았던 덕택에 목숨은 건졌지만 10여 년이나 되는 유배생활을 감내할 수밖에 없었다.

가족과 함께 낯선 땅에 머무는 동안 채옹은 역사 연구와 사서 집필에 몰두했다. 그는 틈틈이 어린 채문희에게 학문과 교양을 전수하였는데 그럴 때마다 그녀는 놀라운 성취를 보였다. 어릴 때부터 다방면에 재주가 뛰어나고 서에 등에 남다른 재능을 보인 채문희는 '신동'의 표본 같았다. 집안의 유전자를 그대로 물려받고 가장 뛰어난 교사인 아버지에게서 지도 받은 그녀는 일취월장을 거듭했다.

게다가 채문희는 음률에도 뛰어났다. 어느 날 채옹은 머리를 식힐 겸 대청에서 칠현금을 타고 있었고 문희는 옆방에서 친구들과 놀고 있었다. 음률에 몰입하여 한참을 타고 있던 중 갑자기 칠현금의 줄이 툭 하고 끊어졌다.

이때 소꿉장난하고 있던 문희는 친구들에게 한숨을 쉬며 말했다.

"두 번째 줄이 끊어졌나봐."

딸의 말을 들은 채옹은 놀라 다시 칠현금을 타다가 일부러 네 번째 줄을 끊었다. 그러자 문희는 "어머, 이번엔 네 번째 줄이 끊어졌어."라고 외쳤다. 절대음감을 가진 이 소녀는 이때 불과 6살이었다.

그녀는 어려서부터 후한의 여사학자 반소班昭를 우상으로 삼았으며 그런 멋있는 여성이 되려는 포부를 품었다. 하여 자신의 자字를 소희昭姬로 정했다. 비슷한 명문 가문의 배경과 유년기였지만 결혼 생활에서도 반소와 비슷한 운명을 겪게 될 줄 누가 알았으랴.

---

① 잠깐! 채문희라는 이름은 언제부터 사용한 것일까?

채문희의 본명은 채염蔡琰이며 '문희' 는 자이다. 원래 사용하던 자는 소희昭姬였지만 이후 진晉나라의 초대 황제 사마염司马炎의 아버지인 사마소司马昭의 '소昭' 자를 피하기 위하여 후세 사람들에 의해 문희라 고쳐 불리게 되었다.

옛날에는 황제나 자신의 조상의 이름에 쓰인 글자 또는 그 발음과 중복되는 것을 피하여 작명하는 관습이 있었는데, 그것을 '피휘避諱' 라 한다. 조선의 경우 왕의 이름이 중국의 황제와 같으면 피휘하여 이름을 고치기도 하였다.

첫 번째 결혼

189년 후한 12대 황제 영제靈帝가 죽고 황후 하씨 소생의 유변劉辯이 13살의 나이로 즉위했지만 동탁董卓에 의해 5개월 만에 폐위되고 후궁 왕씨 소생의 9살 된 유협劉協이 황제가 된다.

후한 말, 한영제漢靈帝 유굉劉宏이 즉위 후 가뜩이나 부패한 나라는 더욱 시름시름 앓게 되었다. 영제는 혼군인데다 조정을 장악한 환관들인 십상시十常侍에 휘둘려 정치는 뒷전으로 하고 놀음에만 빠졌다. 여기저기에서 반란이 끊임없이 일어나고 자연재해까지 겹쳐 백성들은 도탄에 허덕이었다. 184년, 농민 반란군들인 황건적黃巾賊이 봉기를 일으키자 조정에서는 지방호족의 세력을 빌어 난을 평정하였다.

영제가 죽고 유변劉辯이 소제少帝로 즉위하니 그의 외삼촌이 되는 대장군 하진何進은 십상시와 권력을 다투게 되었다. 그는 명문 후예인 원소袁紹와 대책을 의논하였는데 그 결과 변방에서 이름을 떨치던 호족豪族 동탁의 힘을 빌리기로 하였다. 그러나 동탁이 낙양에 도착하기 전에 하진은 십상시에게 죽임을 당하고 말았다.

이에 격분한 원소, 조조 등은 궁에 쳐들어가 수천 명의 환관들을 살해하였다. 아비규환이 된 와중에 환관 장양張讓, 단규段珪 등은 소제와 9살인 진류왕陳留王 유협劉協을 인질로 잡아 도망쳐 나왔다. 이때 낙양으로 오고 있던 동탁은 그들을 발견하고 모시고 입성하게 되었다. 어부지리로 권력을 잡게 된 동탁은 소제 유변을 폐위시키고 진류왕 유협을 황위에 앉히는데 그가 바로 후한의 마지막 황제 한헌제漢獻帝이다.

스스로 상국相國이 된 동탁은 어린 황제를 앞세워 전횡을 부리며 '황제노릇' 을 하였으니 천하의 공분을 샀다. 이에 동탁을 제거하기 위한 지방 세력의 움직임이 시작되었으며 나아가 군웅할거와 삼국분립의 시대를 맞이하게 된다.

동탁은 정권을 유지하기 위해 명망 있고 평판 좋은 인재들을 기용하였다. 그는 채옹의 명성을 듣고 사람을 보내 여러 차례나 불러들였지만 채옹은 매번 거절하였다. 그러자 대노한 동탁이 "누군가의 삼족을 멸할 수도 있으니 너무 건방지게 굴지 말라고 전해라."고 경고했다.

채옹은 원래 조용한 그 곳에서 한적하게 여생을 보내려고 마음먹었지만 동탁의 위협에 동요하지 않을 수 없었다. 마음대로 황제를 교체해버린 자가 무슨 짓을 저지르지 못하겠는가.

채옹은 가족의 안위가 걱정되어 어쩔 수 없이 상경하였다. 동탁은 크게 기뻐하며 그에게 관리들을 양성하는 국책대학의 총장에 해당하는 좨주祭酒의 직위를 내렸다. 당시 채옹은 하루에 세 차례나 승진하기도 하였는데, 이는 그가 얼마나 신임 받았는지 여실히 보여주는 대목이기도 하다.

이후 원소와 조조 등이 궐기하자 동탁은 낙양에 불을 질러 폐허로 만든 후 헌제와 함께 새로운 수도 장안으로 옮겨갔는데 채옹도 따라가게 되었다. 그때도 채옹은 고양향후高陽鄕侯에 봉해지는 등으로 대우받았다.

채옹이 본의 아니게 실세로 부각되자 여기저기에서 혼담이 들어왔다. 15살 정도 된 채문희는 아름다운 외모는 물론 학식과 음악적 재능까지 겸비하여 최고의 며느릿감으로 소문이 자자했다.

채옹은 상대방들의 여러 조건과 딸의 의견을 고려하여 하동(河東, 황하 동쪽 지역으로 지금의 산서성山西省 서남쪽을 가리킴)의 명문인 위중도衛仲道에게 시집을 보냈다. 위씨 가문은 한무제 때의 유명한 장군 위청衛靑과 한무제의 두 번째 황후인 위자부衛子夫로 인해 명문 중의 명문으로 꼽히고 있었다. 채옹은 하나밖에 없는 외동딸을 타지에 시집을 보내기가 내심 아쉬웠지만, 품성이 바르고 정직한 위중도와 행복하게 살 수 있다면 더 바랄게 없었다.

채문희는 이제까지 보살펴주던 부모님을 비롯한 정든 사람들을 떠나 새로운 환경에 적응해야 하는 것이 두려웠지만 다행히 부부는 금실이 좋아 외로움을 떨쳐버릴 수 있었다. 신혼의 단꿈에 젖어있을 무렵, 청천벽력 같은 사건이 벌어졌다.

결혼한 지 불과 일 년도 지나지 않았는데 남편이 갑자기 병으로 사망하였으니 어찌 놀랍지 않겠는가. 게다가 '남편을 죽일 팔자'라는 흉한 소문까지 떠돌았다. 더 이상 참기 힘든 그녀는 아버지의 반대에도 불구하고 짐을 싸 친정으로 돌아왔다.

아버지의 죽음

당시 여자가 남편을 잃거나 이혼을 당해 재가하는 것은 그렇게 신기한 일이 아니었다. 문제는 첫 번째 결혼의 실패가 불행의 연속으로 이어졌다는 점이다. 졸지에 남편을 잃은 채문희는 친정에 돌아와 안정을 취하기 위해 애썼지만 슬픔에서 미처 벗어나기도 전에 이번에는 아버지에게 위기가 닥쳤다.

192년, 사도司徒* 왕윤王允은 초선貂蟬을 이용한 미인계로 동탁을 제거하였다. 왕윤은 생명의 마지막 순간 두 가지 큰일을 하게 되는데 하나는 동탁을 죽인 것이고 다른 하나는 채옹을 죽인 것이다. 그는 초반에 역적을 토벌하는 정의로운 캐릭터로 등장하나 후에 채옹을 죽인 것으로 인해 옹졸하고 시샘이 많은 사람으로 전락하고 말았다.

---

* 사도司徒: 최고위직 벼슬인 삼공三公의 하나.

채옹이 죽음의 길로 가게 된 전말은 이러하다.

하루는 채옹 등 몇몇 대신들이 왕윤의 집에 방문하여 이런 저런 이야기를 나누던 중 동탁이야기가 나오자 왕윤은 또다시 승리의 기쁨에 젖어 흥분하며 말했다.

"역적 동탁을 죽이니 내 이제야 두 다리를 쭉 뻗고 편히 잔다오. 허허."

이때 채옹은 무의식중에 탄식하였다. 이를 본 왕윤은 안색이 변하더니 대노하며 말했다.

"동탁은 역적으로 하마터면 한나라 황실을 뒤엎을 자였소. 자네도 한나라의 대신이거늘 백성들과 같은 마음으로 기뻐하지 못할망정 동탁의 죽음을 슬퍼하다니……"

"그게 아니오라……"

채옹은 그제야 아차 싶어 해명하려 하였으나 물은 이미 엎질러져 주워 담을 수 없는 상황이었다.

"흥! 그 자에게서 받은 것만 생각하다 본분을 잊었구먼. 당연히 벌을 받아야 할 자를 동정하고 있으니 당신도 그 자와 같은 역적이 아니고 뭐겠소! 여봐라, 당장 이놈을 잡아들여라."

왕윤은 주위의 만류에도 불구하고 채옹을 옥에 가두었다. 옥중에서 그는 왕윤에게 편지를 써 "동탁은 황실을 농락하고 나라를 어지럽힌 역적임에는 틀림없사오나 타지에 유배된 저를 불러 미천한 제 재주를 알아봐주고 그것을 나라를 위해 쓰도록 하였나이다. 그 날 저도 모르게 사사로운 감정을 표출한 것에 대한 죄는 경수월족

黥首刖足*이라도 달갑게 받겠사오나 집필 중이던 역사서는 마저 완성하도록 허락하여 주시옵소서."라고 하였다.

그의 재능과 성품을 잘 아는 문무백관들은 채옹을 거들었다. 태위 마일제馬日磾는 소식을 듣고 급히 왕윤을 찾아가 설득했다.

"채옹은 백년에 한번 나올까 말까한 인재로 한나라 역사에 대해 누구보다 많이 알고 있습니다. 그가 한사漢史를 완성하도록 하여 그것이 세세대대에 길이 남게 해주심이 옳은 듯 하옵니다. 더구나 그는 명성이 좋아 그런 이유로 죽였다가는 민심을 잃을 수도 있음을 염두에 두셔야 합니다."

이에 왕윤은 쓴웃음을 지으며 말했다.

"과거에 한무제가 사마천을 죽이지 않고 《사기史記》를 완성토록 하였더니 오히려 무제를 비방하는 역사를 기록하여 오늘까지 전해지고 있지. 지금 나라가 이 모양인데 채옹 같은 자들마저 어린 폐하 곁에 두어 붓을 놀리게 하면 폐하는 물론 우리들까지 비방하는 역사를 쓸게 틀림없소."

마일제는 하는 수 없이 돌아서며 작은 소리로 중얼거렸다.

"왕윤도 오래가지 못하겠군. 도덕이 있는 사람은 나라의 기강이고, 글 쓰는 것은 나라의 서적이거늘 기강과 서적을 버리겠다고 하는 사람이 어찌 오래갈 수 있을까."

채옹은 그렇게 옥중에서 죽었다. 그의 죽음 소식이 알려지자 대신들과 백성들 중 슬퍼하지 않는 사람이 없었다. 같은 해 왕윤은 동탁의 장수에 의해 살해당하였다. 한나라는 완전히 힘을 잃고 삼

* 경수월족黥首刖足: 이마에 먹물로 글자를 뜨고 발목을 자르는 형벌.

국의 영웅들이 쟁패하는 난세가 개막되었다.

왕윤이 채옹을 죽인 것에 대해 비판적인 시각이 적지 않다. '채옹을 시기한 나머지 모함하여 죽여 버린 소인배' 라는 비난을 받고 있지만 그의 입장에서 생각해보면 조금은 이해가 간다.

한나라를 향한 왕윤의 충성은 절대 부인될 수 없다. 동탁을 죽이고 한나라를 부흥시키는 것에 모든 것을 내건 왕윤과 동탁의 신임을 받고 여러 차례 고위직으로 승진한 채옹은 양립하기 어려운 상극이다. 게다가 왕윤입장에서는 조정과 백성 모두에게 두루 신임을 얻어 지지층이 많은 채옹이 썩 반가운 존재는 아니었을 것이다. 채옹이 동탁의 죽음을 탄식하지 않았다고 해도 왕윤에 의해 제거 당했을 가능성이 크다.

자고로 '피 흘리지 않는 전쟁이 정치이며, 피 흘리는 정치가 전쟁' 이라 하였는데, 예나 지금이나 정치판은 그렇게 돌아가기 마련이다.

포로로 잡혀가다

채옹의 죽음은 집안의 몰락을 동반했다. 유일하게 믿고 의지했던 아버지의 존재가 한순간에 사라진 충격은 이루 헤아릴 수 없었다. 남편을 잃은 지 얼마 되지 않아 아버지까지 잃고 나니 채문희는 몸도 마음도 만신창이가 되었다. 하지만 진정한 불행은 아직 남아 있었다.

군웅할거의 전란으로 나라가 어수선한 틈을 타 북방의 이민족인 흉노가 이때를 노려 중원에 쳐들어왔다. 그들은 매번 대대적인 약탈을 감행한 후 말 앞에는 자신들이 죽인 한나라 병사들의 목을 매달고, 말 뒤에는 약탈한 여자를 태우고 근거지로 돌아갔다. 수많은 여자들이 이때 온갖 수모와 힘들고 긴 여정을 견디지 못해 중도에 죽거나 자살을 택했다.

그런데 그중에는 채문희도 있었다. 명문가에서 태어나 남부러울 것 없이 자란 그녀가 미개한 오랑캐의 전리품으로 전락하여 끌려가는 심정은 어떠했을까? 예민하고 감성적이며 자존심이 남달랐을 그녀는 흉노의 욕과 매질에도 꿋꿋이 버텨냈다. 만약 중도에 죽었더라면 역사는 그녀를 기억하지 않았을 것이다. 그녀의 대표작이 되고 있는 《호가십팔박胡笳十八拍》과 《비분시悲憤詩》에서 흉노로 잡혀갈 때와 그곳에서의 생활, 그리고 다시 고국으로 돌아올 때 느낀 감정이 생생하게 나타난다.

我非貪生而惡死,   내 목숨 두려워하는 것도
不能捐身兮心有以。   정조를 모르는 것도 아니다.
生仍冀得兮歸桑梓,   단지 살아생전에 고향에 돌아가
死当埋骨兮長已矣。   죽어서라도 뼈를 고향에 묻으리라.

--《호가십팔박胡笳十八拍》 중 제11박--

목숨도 자존심도 버릴 수 있는 것은 바로 '신념' 때문이었다. 어떻게 해서라도 '낙엽귀근落葉歸根*'하려는 신념이 그녀를 냉정하고 침

---

* 낙엽귀근落葉歸根: 잎이 떨어져 뿌리로 돌아간다는 뜻으로, 결국은 자기가 본래 났거나 자랐던 곳으로 돌아감을 이르는 말.

남송 진거중陳居中의 〈문희귀한도文姬歸漢圖〉 일부

착하며 굳세게 만들었다. 하지만 죽는 것보다 사는 게 더 고통스러울 수 있음을 흉노 땅에 도착해서야 뼈저리게 느끼게 되었다.

흉노병사들은 포로로 잡혀온 수많은 여자들 가운데 눈물은커녕 오히려 자신들을 쏘아보는 그녀가 왠지 평범하지 않아 보여 추장인 좌현왕左賢王에게 바쳤다. 좌현왕은 채문희가 마음에 들었는지 자기의 처소에 자주 불러들였다. 흉노왕의 총애를 받아 목숨을 부지할 수 있는 것은 천만다행이었지만 그녀의 얼굴은 피지 않았다.

어렸을 때부터 역사를 심도 있게 공부한 그녀가 어찌 흉노의 왕에게 기대어 안온을 구하려 하겠는가. 한나라 때 오랑캐 왕에게 출가하여 나라의 안전에 기여한 오손공주烏孫公主와 해우공주解憂公主 그리고 왕소군 등의 이야기는 채문희도 잘 알고 있었다. 그러나 자신의 경우는 그녀들처럼 공주의 신분으로 당당하게 시집온 것이 아니지 않은가. 이름을 떨친 대문호의 외동딸이었지만 채찍을 맞으며 끌려온 이상 그냥 포로였다. 흉노왕의 눈에 들어 잇달아 아들을 둘이나 낳았지만 마음 편안하게 정착한다는 것은 꿈에서조차 생각해본 적이 없었다.

낯선 흉노 땅에서 생활하는데 있어 가장 불편 한 점은 완전히 다른 생활방식이었다. 비단 대신 거친 가죽으로 만든 옷은 무겁고 불편했으며 비린내 나는 양고기는 입에 맞지 않았다. 밤새도록 울리는 북소리에 잠을 설치기가 일쑤였고 살을 에는 바람은 몸속의 모든 수분을 빨아가는 듯 했다. 눈에 보이는 것과 귀에 들리는 모든 것들이 생소하다보니 고향생각이 더욱 간절해졌다.

그런 와중에서도 채문희는 호가胡笳*와 흉노의 언어를 조금씩 배웠다. 외롭고 허전한 마음을 달랠 수도 있었고 흉노를 이해하는데도 도움이 되었다.

몸은 이 땅에 있어도 마음은 늘 고국에 가 있었다. 그 그리움은 마치 큰 뱀처럼 그녀의 몸과 영혼을 칭칭 감싸 빠져나올 수 없었다. 신념과 함께 무너질 것 같은 심신을 지탱해주는 존재는 자식들이었다. 아무것도 모르고 뛰노는 천진난만한 두 아들을 볼 때마다 채문희는 어떻게든 살아야겠다는 의욕이 생겼다.

---

* 호가胡笳: 오랑캐가 사용한 악기라는 뜻에서 만들어진 단어.

고향으로 돌아가다

어제 같은 오늘, 내일도 오늘과 같을 것만 같은 날들이 수천 번 반복되었다. 12년이라는 세월은 강인한 신념이 무뎌지기에 충분했다. 그러나 원하던 것은 꼭 간절할 때 찾아오지 않고 포기할 때쯤 갑자기 찾아왔다. 한나라 사람이라는 정체성마저 희미해져가던 208년의 어느 날, 채문희에게 익숙한 차림의 사신이 말을 타고 달려왔다.

한나라의 사신이었다. 좌현왕은 그를 접견한 뒤 사람을 보내 채문희를 불렀다. "이제 한나라로 돌아가도 된다."는 좌현왕의 목소리가 꿈이 아닌가 싶을 정도로 놀라웠지만 현실에서 벌어진 일이었다. 물론 거저 돌려보내는 것은 아니었다. 누군가가 막대한 황금과 백옥으로 협상한 결과 자신의 송환이 이루어졌다는 것을 알게 된 채문희는 한동안 망연했다.

'대체 누가......?'

그 은인은 바로 아버지 채옹의 제자이자 벗인 조조였다. 그동안 조조는 여러 차례의 전쟁에서 승리하여 두각을 나타낸 데다, 천자를 보호한다는 명분으로 헌제를 자신의 곁에 둠으로써 세력을 확대하였다. 수도를 낙양에서 허현(許縣, 지금의 하남성河南省 허창許昌)으로 옮긴 조조는 이미 화북지역을 거의 평정하고 얼마 전 승상丞相 자리에까지 오른 상태였다. 어느 정도 상황이 안정되자 채옹의 딸이 흉노에 잡혀갔다는 것을 기억하고 사자를 파견했던 것이었다.

그토록 고대하던 날이 왔지만 채문희는 또다시 우울해졌다. 아들들을 두고 가야만 했기 때문이었다.

不謂殘生兮卻得旋歸,

고향에 돌아가게 되었으니 여생은 걱정 없는데,

撫抱胡兒兮泣下沾衣.

두 아들 품에 안으니 눈물이 옷을 적시네.

漢使迎我兮四牡肥肥.

한나라 사자의 마차는 나를 재촉하고,

胡兒號兮誰得知?

두 아들 어미 부른들 그 누가 찾아주랴?

與我生死兮逢此時.

생사를 오가는 이별의 이 시각,

愁爲子兮日無光輝,

자식과의 생이별에 해님도 빛을 잃고,

焉得羽翼兮將汝歸.

날개를 얻어 함께 돌아가고 싶은 마음뿐이라네.

一步一遠兮足難移,

걸음마다 멀어지는 발길은 떨어지지 아니하고,

魂消影絕兮恩愛遺.

그림자 사라지더니 사랑과 정만 남는구나.

《호가십팔박胡笳十八拍》 중 제13박

그녀의 목을 껴안고 어딜 가는지 언제 올 건지 묻는 아이들 때문에 가슴이 찢어지는 듯 아파와 망설여졌다. "이제 그만 출발하시지요."라는 사자의 재촉이 그렇게 원망스러울 수 없었다. 결국 그녀는 아이들을 뿌리치고 수레에 타야만 했다. 같이 끌려왔던 사람들의

금나라 장우張瑀의 〈문희귀한도文姬歸漢圖〉

청나라 화암華嵒의 〈문희귀한도文姬歸漢圖〉

부러운 시선 속에서 이별을 고하자니 혼자 돌아가는 것에 괜히 미
안한 마음이 들었다. 아이들의 울음소리를 뒤로 하고 수레는 앞으
로 쉼 없이 달렸다. 하루하루 멀어져 가도 애통한 마음은 사그라지
지 않았다. 그러다가 한편으로는 문득 조조가 왜 그랬을까 의문이
들었다.

가끔씩 집에 찾아왔을 때 봤던 아버지의 제자 조조, 아무리 존경
하는 스승의 딸이라지만 그렇게 많은 금과 백옥을 주고 맞바꾸다니
아무리 생각해도 이해가 가지 않았다.

더구나 그는 근검절약하는 것으로 유명하지 않았던가. 조조는 자
신의 처자들이 비단옷을 입는 것을 금지시키는 것은 물론 한번은
성루에서 내려보다가 화려한 차림의 며느리가 눈에 띄자 그 자리에
서 자진을 명할 정도였다. 그런 '짠돌이'가 흉노에게 끌려간 스승의
딸을 데려오기 위해 선뜻 그 많은 금은보화들을 내놓는다는 것은
있을 수 없는 일이었다. 그의 속내는 과연 무엇일까?

조조가 주선한 재혼

이윽고 조조의 저택에 도착하니 그가 직접 마중 나와 반겨주었다. 채문희는 감사의 눈물을 흘리며 큰 절을 올리려고 했으나 조조는 사양하며 그녀를 일으켰다.

조조는 그녀가 살 곳을 마련해 주고 도움이 필요하면 언제든지 찾아오라고 말했다. 그토록 그리던 고국에 돌아와 한 달 남짓이나 휴식을 취했지만 마음이 편치 않았다. 두고 온 아들들이 어미를 찾으며 울부짖는 광경이 눈에 선했고 겨우 잠이 들어도 그런 꿈을 꾸기 일쑤였다. 비록 원치 않은 일방적인 결혼이었어도 자신이 배불러 낳고 젖을 먹여 기른 자식들을 보고 싶은 심정은 날이 갈수록 더해갔다.

채문희의 처지를 십분 이해하던 조조는 그녀를 위해 중매를 섰다. 가정을 이루면 상처가 아무는데 도움이 되고 새로운 삶을 시작할 수 있을 거라 생각했다. 둔전도위屯田徒尉* 동사董祀가 그럴 듯한 성품과 재능을 가져 그에게 시집을 가도록 하였다. 자신의 새로운 인생은 조조가 그의 재산으로 어렵게 바꿔온 것을 알기에 그녀는 거절할 수 없었다.

결혼초기 채문희는 요즘 흔히들 말하는 우울증을 겪고 있었다. 큰 사건사고들을 겪고 산 그녀가 하루아침에 모든 것을 잊고 다시 시작하기엔 아직 시간이 필요했다. 동사는 그런 그녀를 이해했고

---

* 둔전도위屯田徒尉: 둔전은 군사 요충지에 주둔한 군대의 경비를 마련하기 위해 그 부근의 토지를 경작해 군량을 현지에서 조달하게 하는 제도로 둔전도위는 해당 구역의 관리를 뜻한다.

따뜻하게 보듬어주었다. 남편의 배려를 느낀 문희는 차츰차츰 그에게 마음을 열고 둘은 그럭저럭 행복하게 살아갔다. 그러나 한편으로는 언제 또다시 불행이 찾아올지 모른다는 불안감에 늘 마음을 졸였다.

불행하게도 그녀의 예감은 들어맞았다. 이듬해 동사는 법을 어겨 사형에 처해지게 되었다. 소식을 들은 채문희는 한밤중임에도 불구하고 한걸음에 조조를 찾아갔다. 그때 조조는 집에 연회를 베풀어 중요한 손님들을 접대하고 있었다. 밖에 그녀가 뵙기를 청한다는 말을 들은 조조는 방안을 메운 사람들에게 말했다.

"내가 존경하는 스승 채옹선생의 따님이 지금 밖에 있다고 하니 여러분들에게도 소개시켜 주고 싶소."

그런데 잠시 후 헝클어진 머리와 맨발의 여인이 들어서자 조조는 물론 모두가 놀라 눈이 휘둥그레졌다. 그녀는 조조를 보고 머리를 조아리며 남편은 억울하니 한번만 봐줄 것을 청했다. 자초지종을 들은 조조는 머리를 절레절레 흔들며 말했다.

"자네의 사정은 안타깝지만 판결문서가 조금 전에 발송된 걸 어쩌나?"

이에 그녀는 조금도 당황해하지 않고 침착하게 말했다.

"승상의 마구간에 천리마가 어디 한 필 뿐이겠습니까? 또한, 승상의 댁에 맹호 같은 병사가 어디 한 명 뿐이겠습니까? 말 한 필과 병사 한 명이면 죽어가는 사람을 구할 수 있습니다."

용기 있고 지혜로운 그녀를 보고 모두들 감탄해마지 않았다. 조조는 급히 사람을 보내 판결문을 찾아오게 하고 동사의 죄를 면해주었다. 그리고는 양말을 주며 추운 겨울이라 감기에 들 수 있으니 얼른 신으라고 하였다. 이에 감격한 문희는 큰 절을 올렸다.

조조에 대해 잘 아는 사람들이라면 그의 이런 처사가 정말 놀라울 것이다. 왜냐하면 그는 법을 엄격히 지키는 것으로 유명하며 자신한테도 예외를 두지 않았기 때문이다. 한번은 자신의 말이 논밭에 들어가자 그 자리에서 칼을 들어 머리카락을 자르는 것으로 벌을 대체했던 적도 있었다. 그런 조조가 채문희에게는 예외를 둔 것이다.

며칠 뒤 채문희와 담소를 나누던 조조는 조심스레 입을 열었다.

"갑자기 생각난 건데 채선생의 그 많은 서적들은 어디에 두었는지 궁금하구려."

"부친은 4천여 권의 서적을 가지고 있었으나 돌아가신 뒤 전란으로 전부 유실되었습니다."

그녀의 대답을 들은 조조는 크게 실망하며 깊은 한숨을 쉬었다.

"하지만 그중에 한 4백편 정도는 제가 외우고 있긴 합니다만……"

그 말에 조조는 크게 놀라더니 곧 얼굴에 화색을 띠며 말했다.

"내일 10명 정도의 사람을 댁으로 보내 받아쓰게 할 테니 부탁드리겠소."

채문희는 잠깐 고민하더니 "남녀유별 때문에 그건 좀 어려울 것 같습니다만 괜찮으시다면 제가 직접 외워 써드리겠으니 원하시는 서체書體*가 있으십니까?"라고 물었다.

며칠 뒤 조조는 그녀가 보내 준 400여 편의 문장을 보고 크게 감탄했다. 보기 드문 고대 서적의 내용이 완벽하게 재현된 것에 대해

---

* 서체書體: 붓글씨를 쓰는 일정한 격식이나 양식.

서도 대만족이었다. 뛰어난 정치가이자 문학가이기도 했던 조조는 독서를 좋아하고 귀한 서적을 수집하는 취미가 있었으며 사학史學에도 관심이 많았다.

거금을 들여 채문희를 데려온 것은 스승의 자식을 잘 보살피기 위함이기도 했겠지만 어쩌면 채옹의 지식을 제대로 물려받은 사람이 오직 그녀뿐인 것과도 무관하지 않을 것이다.

채옹의 유전자를 물려받아 그 많은 내용들을 암기하여 적은 그녀도 뛰어나지만 문학에 대한 깊은 애정을 가진 조조가 채문희를 특별하게 대우한 것도 대단한 일이 아닐 수 없다.

베일에 가려진 행적

동사는 부인의 지혜와 용기로 사면을 받았지만 안타깝게도 죽음을 피해가지는 못했다. 몇 년 뒤 병으로 젊은 나이에 죽자 채문희는 또 홀로 남게 되었다. 그 뒤로 그녀가 어떤 삶을 살았는지 《후한서後漢書》는 더 이상 기록하지 않았다. 하지만 《진서晉書》에 기록된 한 문장으로 조금이나마 그녀의 이후의 행적을 밟을 수 있게 되었다.

〈진서晉書·양호전羊祜傳〉에 의하면 "양호, 자는 숙자叔子이고 태산 남성(泰山南城, 지금의 산동山東 평읍平邑) 사람이다. 9대째 관료집안으로 할아버지 양속羊續은 후한의 남양태수南陽太守이고 아버지 양도羊衜는 상당태수上黨太守이다. 또한, 그는 채옹의 외손자이고 경헌황후景獻皇后의 친동생이다."

문장은 길지 않지만 많은 정보가 포함되어 있다. 우선 양씨는 보통 집안이 아닌 세가世家라는 것이다. 채옹의 외손자라 함은 채문희의 아들이라는 뜻으로 그녀는 상당태수上黨太守 양도와 네 번째 결혼을 했으며 1남 1녀를 두었다는 것을 추론할 수 있다.

아들 양호는 정사正史의 열전列傳에 단독으로 기록될 만큼 재능 있는 정치가이자 군사가이며 문학가이기도 하였다.

딸 양휘유羊徽瑜는 더욱 대단하다. 〈진서晉書·후비열전后妃列傳〉에 기록된 그녀는 삼국 시기 위나라 권신이었던 사마의司马懿의 큰 아들 사마사司馬師의 부인으로 후에 경헌황후景獻皇后로 추존되었다.

① 잠깐! 경헌황후 양휘유는 누구?

진나라 초대 황제 사마염

양휘유는 사마사의 첫 부인이 아니다. 사마사의 첫 번째 부인 하후휘夏侯徽는 위나라 대장군 하후상夏侯尚의 딸로 우아하고 견문이 넓었다. 그들 부부는 딸 5명을 낳고 꽤 화목하게 살았다. 하후씨는 위나라를 건립한 조조의 원래 성씨라 하여 당시 황족이나 다름없었다. 애초 이들의 결혼은 정략결혼이었는바 이후 형세의 변화로 양가가 서로 경계하며 대립할 때쯤, 사마사가 부인 하후씨를 독살하며 결국 이 결혼은 파멸에 이르게 된다.

그리고 사마사는 장군의 딸 오씨를 두 번째 부인으로 맞아들이지만 얼마 뒤 쫓아내고 양휘유와 세 번째 결혼을 한다. 그들 사이에 자식이 없었던 관계로 사마사의 동생 사마소司馬昭는 자신의 차남 사마유를 양휘유에게 보내 양아들로 키우게 하였다.

255년, 사마사가 죽고 이듬해 사마소의 장남 사마염司馬炎이 등극하며 진晉나라를 건립하고 초대 황제가 된다. 그는 큰아버지인 사마사를 경황제景皇帝로 추존하고 큰어머니 양휘유를 경황후景皇后로 봉하여 각별히 모셨다.

양휘유는 사마염을 여러 차례 설득하여 사마사의 첫 번째 부인 하후휘를 경회황후景懷皇后로 추존하도록 하였으니 그녀의 도량과 심성을 대충 짐작하게 한다. 278년, 그녀는 65세의 나이로 세상을 떴으며 경헌황후景獻皇后로 추존되었다.

더 유추해보자면 장녀 양휘유의 출생연도가 214년이고, 채문희가 208년 흉노에서 한나라로 돌아가 동사와 대략 3~4년 결혼생활 한 것으로 가정할 때 동사가 죽은 1~2년 뒤 재가했음을 알 수 있다.

동사와의 결혼이야기 이후 역사서에는 채문희가 따로 언급되지 않는다. 기구한 운명에 지칠 대로 지쳤을 그녀는 시댁과 주변에 자신이 겪은 사건들과 몇 차례의 혼인이 누가 되지 않을까 노심초사했을 것이 분명하다. 채문희에게도 차라리 그러는 편이 나았으리라. 자신의 잘못이 아님에도 죄인처럼 지내면서 이름까지 숨기고 다녔을 고초가 눈앞에 보이는 것만 같다. 그토록 뛰어난 재능을 물려받고 높은 경지에 도달했음에도 남들의 눈을 피해야 했을 채문희가 어찌 안타깝지 않겠는가.

모든 사람들의 인생이 그러하듯 그녀 역시 희비가 엇갈린 삶 속에서 끈질기게 살아갔다. 행복했던 동년, 다사다난했던 중년, 그리고 그나마 편안했을 거라 믿고 싶은 말년, 어떤 역경 속에서도 인생을 쉽게 포기하지 않은 채문희야 말로 진정한 영웅이자 현자賢者가 아닐 수 없다.

중국의 삼국시대는 누가 봐도 남자들의 세계이다. 여자는 단지 남자의 부속물로 조금 아름다우면 이용가치가 있는 무기가 되어 이리저리 뺏고 빼앗기는 신세였으며, 그렇지 않으면 남자의 실패와 함께 바람처럼 사라져버렸다. 어지럽고 혼란스러운 그 시대를 온몸으로 부딪치면서 찬란한 성취를 이룩한 채문희는 영원히 지지 않는 난세의 꽃으로 기억되리라!

---

① 잠깐! 채문희는 형제가 있다 vs 없다

《진서晉書》의 〈양호전〉과 〈후비열전〉에 따로 채문희의 이름을 언급하지 않은 것을 두고 일부에서는 양호와 양휘유의 어머니는 채문희가 아닌 채옹의 다른 딸인 것으로 추측한다.

채문희가 채옹의 외동딸인지 아닌지 여부에 관해 의논이 분분하다. 〈후한서·동사처전後漢書·董祀妻傳〉에 의하면 "조조는 채옹과의 친분으로 그가 후손이 없는 것을 애통하게 여겨 황금과 백옥을 주고 채문희를 데려온 후 동사에게 재가 보냈다." 고 하였으니 그녀는 채옹의 외동딸이라는 결론을 얻을 수 있다. 근대 중국 최고의 문학가이자 사학자인 곽말약의 연극《채문희》에서도 같은 내용으로 나온다.

그러나 〈진서·양호전〉의 다른 한 기록으로 보면 채문희에게는 남동생 또는 오빠 한 명 있을 수도 있다. 그 내용은 "양호가 공을 세워 봉호와 벼슬을 올려주려 하자 그는 자기 대신 큰아버지의 아들 채습蔡襲에게 하사할 것을 청했다." 인데 이는 즉 채옹에게는 아들도 있으며, 채습은 채옹의 손자인 셈이다.

그럼에도 의아한 부분은 만약 채옹에게 다른 자식들이 있다면 왜 그 어떤 사서에도 그들의 이름을 언급하지 않고 채문희만 기록하였을까 이다. 또한, 조조가 굳이 멀리 흉노에 있는 채문희를 구한 부분도 납득이 가지 않는다.

현재 채문희의 역사에 관하여 보편적으로 《후한서》의 기록을 통용하고 있는데다 역사, 지리, 풍속 등에 관한 내용을 포함한 서문장徐文長의 《노사路史》에서도 "채염(채문희)은 위중도, 흉노왕, 동사, 양도 네 남자와 결혼했다." 고 하여 본문에서도 이를 기초로 엮었다.

제7장

북제 제일 여관女官
육영훤

육영훤

547년의 어느 날 밤, 부슬부슬 내리는 비를 맞으며 수십 명의 남녀들이 천천히 궁으로 들어가고 있었다. 손발에 쇠고랑을 찬 그들은 역모에 연루되어 사형을 면하는 대신 노비奴婢로 전락된 사람들이었다.

"이것들이 빨리빨리 걷지 못해!"

그들을 인솔하던 한 병사가 소리를 지르며 채찍을 휘둘렀다. 두려움에 찬 이들, 흐느끼는 이들, 절망에 찬 이들...... 비참한 운명으로 끌려가는 그들 속에는 한 젊은 여인도 있었다. 산발한 모습으로 어린 남자아이를 안고 있었는데 그녀의 얼굴에는 두려운 기색이 없었다. 이미 눈앞의 현실을 받아들인 모양이다. 마님에서 노비로, 여인의 운명은 하루아침에 바뀌고 말았다.

그 뒤로 약 20년이 흘렀다. 그녀는 여시중이라는 관직에 올라 황제의 유모이자 대변인으로 정치에 발을 들이게 되고 점차 막강한 권력으로 나라를 뒤흔들게 된다. 모든 것이 끝난 것 같았던 운명의 끝자락에서 그녀는 어떻게 인생 대역전의 주인공이 될 수 있었던 것일까?

그녀는 과연 누구인가?

이름: 육영훤陸令萱

출생-사망: 524년~577년

출신지: 미상

직업: 여관女官

알 수 없는 운명

그녀는 선비족鮮卑族으로 524년, 지금의 중국 화북지역인 북위北魏에서 태어났다. 후에 북위北魏는 동위東魏와 서위西魏로 분열되었는데 그녀의 남편은 동위東魏의 실질적 통치자 고환高歡의 부하였다. 그러나 고환이 죽은 뒤, 반란을 꾀하던 남편이 죽음을 당하자 어린 아들과 함께 궁에 노비로 끌려가게 되었다.

몇 년 뒤인 550년, 고환의 둘째 아들 고양高洋이 동위東魏의 황제를 폐위시키고 스스로 황제가 되어 북제北齊를 건립했다. 이 시기는 중국 역사상 가장 혼란스러운 시기 중 하나이다. 여러 나라가 대치하여 전쟁이 끊이질 않았고 수십 개의 나라가 건국되고 멸망되었는데 중국 역사에서는 이 시기를 통틀어서 남북조南北朝라고 한다.

우리에게 너무나도 익숙한 삼국시대의 분립은 위나라 중신 사마의의 손자 사마염이 건국한 진晉왕조에 의해 기원전 266년에 통일된다. 역사에서는 이 시기를 서진西晉이라 한다. 통일된 것도 잠시, 북방의 유목민족의 침입으로 서진왕조는 양자강 이남으로 도망을 가게 되고 그 도망 간 세력이 도읍을 건업(建業, 현재의 남경)에 두고 진晉나라를 재건하였다. 서진에 비해 수도가 동쪽에 있다는 이유로 이 시기를 동진東晉이라 불렀다.

한편 북방의 유목민족인 흉노匈奴, 선비鮮卑, 갈羯, 저氐, 강羌 등은 북쪽의 광활한 땅에 16개 나라를 세우는데 이를 5호16국이라고 하며 이 중 선비족이 북방의 흩어져 있던 나라들을 통일하고 북위北魏를 건립함으로써 동진과의 대치시대가 시작되었다.

강남을 지배하던 한족의 동진을 남조南朝, 북방의 선비족이 건립한 북위를 북조北朝라고도 하였는데 남조는 이후 차례로 송宋·제齊·양梁·진陳나라로 이어졌고 북조北朝, 즉 북위北魏는 동위東魏와 서위西魏로 분열되었다가 후에 동위東魏는 북제北齊로, 서위西魏는 북주北周로 이어지며 서로 대치하였다.

자고 일어나니 나라이름이 바뀌는 것은 당시 육영훤이 살고 있는 시대 사람들에게 신기한 일이 아닐뿐더러 그녀는 이미 북위에서 동위로, 이번에는 동위에서 북제사람이 되었으니 '국적'이 세 차례나 바뀐 셈이다.

궁에서는 다시 그녀를 고환의 아홉 번째 아들 장광왕長廣王 고담高湛의 노비로 보냈다. 한때 지체 있는 집안의 마님이었던 육영훤은 말투와 자태가 고급스러웠고 허름한 옷을 입고 몸을 낮추고 있어도

독특한 기운을 발산했다. 게다가 눈치가
빨라 어떤 일을 시켜도 깔끔하게 처리하고
비위까지 잘 맞추었다. 고담과 그의 부인인
호비胡妃는 그녀를 무척 마음에 들어 했으
며 가사를 장관하도록 믿고 맡겼다. 특히
남편이 없을 때 외로움을 많이 타던 호비
에게 그녀는 적합한 말벗이 되어 자연스럽
게 의지하게 되었다.

고위

몇 년 뒤 호비는 첫 아들 고위高緯를 낳았다. 그녀의 말에 의하면
고위는 해가 치마 속으로 들어오는 태몽을 꾼 후 낳은 자식이라 하
여 고담 부부는 고위를 더욱 애지중지했다. 두 사람은 가장 믿을
수 있고 육아 경험도 있던 육영훤에게 고위를 기르게 했다. 물론 그
때는 고위가 장차 어떻게 될지 몰랐겠지만 육영훤은 정성을 다해
키웠다. 어린 고위는 점점 이 유모와 각별한 사이가 되었다.

황태자의 유모

561년의 어느 날, 육영훤陸令萱은 그날도 집안일 하랴, 애 보랴 쉴
틈이 없었다.

"이거 먹어봐!"

어느덧 다섯 살이 된 고위高緯가 마당에서 일하고 있는 그녀에게
전병을 불쑥 내밀었다. 자신을 엄마보다 더 따르는 그가 귀여워 고
사리 손으로 건넨 전병을 맛있게 먹었다.

"어때? 맛있지?"

"누가 준 것인데 맛이 없겠어요?"

"그럼 내 부탁을 들어줘야 해!"

고위의 부탁은 이번에도 뻔했다. 글공부가 하기 싫어 밖에 나가 놀아달라는 것이었다. 그녀는 우선 고담의 부인 호비胡妃의 허락을 받아야 했다. 안방으로 들어가려는 순간 밖에서 수십 명의 발자국 소리가 요란하게 들려왔다. 그녀는 가슴이 철렁했다. 십여 년 전에도 갑자기 집에 들이닥친 사람들에 의해 지금 이 꼴이 되었기 때문이었다.

그러나 문을 열고 들어온 사람들은 태감과 병사들이었다.

"장광왕은 속히 나와 황명皇命을 받드시오!"

고담은 오래 기다린 사람처럼 급히 나와 무릎을 꿇었다. 육영훤은 태감이 낭독한 내용을 듣고 너무나 놀란 나머지 뭔가 잘못 들은 것 같은 착각마저 들었다.

"아빠를 황제로 임명한다는 것이 무슨 소리야?"

영문을 알지 못한 고위가 품으로 파고들면서 물었지만 그녀도 답해줄 수 없었다. 정치의 희생양이 된 이후로는 그쪽에 아예 신경을 끄고 살았다. 그러는 것이 목숨을 지킬 수 있는 방법이라고 생각되었기 때문이다.

사실 그동안 조정에서는 많은 일들이 일어났다. 황제 고양高洋이 죽고 아들 고은高殷이 2대 황제가 되었지만 숙부들인 장산왕長山王 고연高演과 장광왕長廣王 고담高湛이 손잡고 정변을 일으켰던 것이다. 고연은 황제를 폐위시키고 스스로 제3대 황제가 되었으나 시름시름 앓다가 얼마 지나 죽고 말았다. 그리하여 제4대 황제자리가 고담에게 떨어지게 된 것이었다. 자연히 호비는 황후가 되고 어린 고위는 황태자가 되었다.

수많은 병사들의 호위를 받으며 고담, 호비 등과 함께 궁으로 향하자 육영훤은 그제야 실감이 났다. 십여 년 전에는 노비로 들어가는 것이었지만 지금은 황태자의 유모로 입궁하는 것이었다. 그녀의 역전은 여기에서 멈추지 않는다. 한번 추락을 경험했던 그녀가 생애 최고의 자리에서 권력을 누리게 될 날이 그리 멀지 않았다.

① 잠깐! 막장드라마를 방불케 하는 북제 황실 이야기

북제귀족

북제北齊는 550년부터 577년까지 28년 존속되는 동안 무려 6명의 황제가 있었다.

1대 황제 고양은 재위 초기 국사에 열중했고 인재를 기용하여 내외로 나라를 잘

다스렸다. 이 시기 북제의 농업과 수공업 등은 상당히 발달하여 같은 시기 대치했던 진陣, 서위西魏 등과 비교할 때 가장 풍요롭게 살았다. 하지만 불과 몇 년 뒤 그는 주색에 빠져 나라 일은 뒷전으로 하고 사치스럽고 방탕한 생활을 하다가 지나친 음주로 31살이란 젊은 나이에 사망하였다.

그가 죽은 후 북제의 통치는 더욱 혼란스러워지고 완벽한 '막장'을 향해 거침없이 달려가기 시작했다. 559년 고양의 아들 고은이 2대 황제로 즉위하지만 이듬해 삼촌들인 고연과 고담이 정변을 일으켜 폐위된다. 고연은 겨우 17살이던 조카 고은을 죽이고 3대 황제로 즉위한다. 그러나 얼마 뒤 중병에 걸려 죽었다. 그는 죽기 전 9번째 동생 고담에게 황위를

넘기면서 자기를 본받지 말라고 하지만, 그의 아들 고백년高百年도 삼촌 고담에게 죽는다.

4대 황제가 된 고담은 단정한 외모와는 달리 잔인하고 음탕하며 어리석고 무능했다. 재위 4년 만에 9살 난 아들에게 황위를 물려주고 태상황이 되지만 그 또한 과도한 음주로 32살에 죽는다.

5대 황제가 된 후주後主 고위도 가문의 피를 이어받아 무능하고 방탕한 생활을 즐겼다. 그가 즉위할 때 북제는 이미 부패하다 못해 썩어가고 있었다. 그래도 그는 여전히 간신배들에게 의지하고 충신들과 명장들을 죽여 나라를 멸망으로 내몰았다. 십여 년 뒤 북주의 침공으로 포로가 되어 22세의 나이로 죽는다.

북제황실의 대부분이 변태 및 사이코패스 집단이라고 해도 전혀 과장된 표현이 아니다. 친 형제, 사촌지간의 골육상쟁은 물론이고 친인척의 여자들을 마음대로 취하고 간음했다. 법도 같은 것은 존재하지 않았고 음란과 잔인함이 극에 달한 그들에게 '사람'이란 존재하지 않았으며 단지 노리개에 불과했다. 북제의 거의 모든 황제들이 무능하고 정치에 관심이 없었기에 간신배들이 가장 많이 생겨난 왕조이기도 하다.

〈참고〉
1대황제 (고양: 재위기간 550년—559년)
2대황제 (고은: 재위기간 559년—560년)
3대황제 (고연: 재위기간 560년—561년)
4대황제 (고담: 재위기간 561년—565년)
5대황제 (고위: 재위기간 565년—576년)
6대황제 (고항: 재위기간 577년—577년)

여시중女侍中이 되다

자신이 양육하던 어린 아이가 어느 날 갑자기 태자가 되자 유모였던 육영훤의 신분과 지위도 크게 상승되었다. 예전부터 육영훤의 육아 방식에 만족했던 황제 고담과 호황후는 보답으로 그녀를 군군郡君에 봉하였다. 군군이란 고대 귀족 부인에 대한 봉호로, 한나라 무제가 외할머니를 평원군군平原郡君이라 봉한 이후 역대 황실의 공주 및 조정 4품 이상 관리의 모친, 정실부인 등만이 이 봉호를 누릴 자격이 있었다. 노비출신으로 이 봉호를 받은 것은 전례 없는 특혜이며 그녀가 얼마나 총애를 받는 사람인지를 잘 설명하는 대목이기도 하다.

565년 고담은 대신大臣 화사개和士開의 권유로 아홉 살에 지나지 않는 고위에게 황제를 물려주고 태상황제가 되었다. 주색에 빠져 살던 고담은 정치에 관심이 없는 혼군이었다.

---

① 잠깐! 희대의 간신 화사개和士開

화사개는 고담이 장광왕으로 있을 때 행부참군行府參軍으로 있었다. 당시 고담은 악삭(握槊, 주사위를 던져 승부를 겨루는 놀이)을 즐겼는데 화사개가 이것에 아주 능숙했고 그것이 바로 고담에게 임용된 이유라고 한다. 그는 꽃미남 외모의 소유자로 비파를 잘 타 고담이 황제가 된 후에도 총애를 한 몸에 받았다.

화사개는 아첨에도 능했다. 그는 고담에게 아부하길 "전하께서는 천인天人이 아니라 천제天帝이십니다." 라고 하자 고담은 "경은 세인世人이 아니라 세신世神이오." 라고 화답했으니 그야말로 쿵짝이 잘 맞는 한 쌍이었으며 사실 동성애를 나누는 사이이기도 했다.

그는 황제에게 국사는 자신과 같은 대신에게 맡기고 술을 마시며 인생을 즐길 것을 권유했다. 결국 고담은 태자 고위에게 황위를 선양하고 정치에서 손을 뗐다.

그는 스스로 황제에서 물러나면서 아들이 가장 따르는 유모 육영훤을 여시중女侍中에 봉했다. 관직을 주어 보필하게 해야 명분도 서지 않겠는가. 그리하여 그녀는 인생에 또 한 번의 새로운 역사를 쓰게 되었다.

여시중이란 북위北魏 때 처음 개설된 여관女官의 관직 이름으로 진秦나라 때 생긴 재상 역할의 '시중侍中'과는 다른 개념이다. 《북사北史》에 의하면 "여시중은 후궁을 관리하고 여관의 최고 직급인 내사內司 바로 아래에 위치하며 기타 여관인 작사作司, 태감太監과 함께 2품 관리에 해당한다."고 기록되었다. 그러한 여시중에 봉해진 것은 그녀가 이후 본격적으로 정치에 발을 들이게 되는 계기가 되었다.

> ⓘ 잠깐! 중국 여관女官의 역사
>
> 중국 여관女官에 대한 최초의 기록은 관직 제도의 기준이 되는 《주례周禮》에서 찾아볼 수 있다. 처음 여관을 설치한 것은 진나라 이전부터이다. 주周나라에서는 왕후王后, 부인夫人, 빈嬪, 세부世婦, 어처御妻, 여축女祝, 여사女史 등을 세웠는데 이 중 왕후, 부인 이하는 후궁인 동시에 여관이었다.
>
> 빈嬪은 후궁의 교육을, 세부世婦는 궁의 제사를 포함한 빈객접대를,

어처御妻는 왕의 의식주를, 여축女祝은 궁중 제사를, 여사女史는 왕후의 예의 교육을 전담하는 관리이다.

진한시대秦漢時代에는 전대의 후궁제도를 답습하고 품계를 더욱 세분화시켰지만 여전히 황후와 부인 이하는 후궁인 동시에 여관이며 녹봉도 받았다.

처음으로 후궁과 여관을 분리시킨 사람은 북위 효문

동진東晉 고개지顧愷之의 〈여사잠도女史箴圖〉

제孝文帝 탁발굉拓跋宏이다. 그는 내사內司, 작사作司, 태감太監, 여시중女侍中, 여상서女尙書, 여현인女賢人, 여사서女史書 등 전문적인 여관을 두어 후궁사무를 관리하게 하였는데 품계는 높게는 2품, 낮게는 5품이었다.

수나라 때에 와서 6국24사六局二十四司의 여관체제로 후궁을 다스렸다. 6국은 각각 상궁尙宮, 상의尙儀, 상복尙服, 상식尙食, 상침尙寢, 상공尙功으로 각 국局의 아래에 또 4사四司를 각각 두었는데 이들의 품계는 높게는 5품, 낮게는 9품이었다. 이 제도는 이후 당나라, 송나라, 명나라까지 이어졌으며 청나라에 와서야 전문 여관제도는 폐지되었다.

황후의 양모

568년, 태상황제 고담이 병으로 죽었다. 죽기 전 그는 조정과 아들의 미래를 고려해 당시 삼군을 통솔하던 태위 곡율광斛律光의 딸을 며느리로 지목하고 황후로 봉했다. 황후는 궁에 시집을 갈 때 친정에서 자신의 시중을 들었던 노비를 함께 데려갈 수 있는데 목황화(穆黃花, 후에 목사리穆邪利로 개명)라고 하는 시녀가 딸려갔다. 그런데 고위는 점점 커가면서 황후 곡씨보다 시녀인 목황화에게 관심을 갖게 되었고 무척이나 좋아하게 되었다. 육영훤은 이를 눈치 채고 목황화를 양녀로 삼았다. 궁 안에 정치적 배경이 하나 없는 그녀 역시 거절할 이유가 없었다.

황제의 생모 호태후도 궁중에서의 자신의 세력을 확대하고자 조카딸 호씨를 입궁시켜 아들에게 주었다. 가문의 호색한 피를 물려받은 고위는 호씨를 보고 첫눈에 반해 입을 다물지 못했다. 호태후의 설득으로 고위는 호씨를 홍덕부인弘德夫人으로 봉했다가 얼마 지나 소의昭儀로 승진시켰다.

그러던 중 소의 호씨보다 목황화가 먼저 임신하고 아들 고항高恒을 낳았다. 그러자 육영훤은 분주하게 머리를 굴렸다. 혈연관계가 전혀 없는 목씨를 양녀로 삼은 것은 그녀를 이용하기 위함인데 그러려면 자신이 이용할 수 있는 최적의 상태로 만들어 놓아야 했다. 첩이 낳은 자식은 존재감이 없어 앞날을 예측할 수 없지 않은가.

고심 끝에 육영훤은 황제를 설득해 목황화도 홍덕부인으로 봉하게 하고 총애를 받지 못해 자식이 없는 곡황후에게 고항을 양자로 들이게 할 것을 제안한다. 이 방법으로 그녀는 일석이조의 효과를 노렸다. 양딸 목부인의 아들이 태자가 되면 자신이 장차 태자의 할머니가 될 수 있는데다, 곡황후와의 유대관계를 형성하여 새로 들어온 호씨를 수월하게 견제할 수 있었다.

충신들을 제거하다

황제 고위는 어릴 때부터 육씨를 어머니처럼 생각하고 잘 따랐던 지라 황제가 된 후에도 중요한 의사결정은 그녀가 시키는 대로 했다. 이에 육영훤은 여시중의 지위와 황제의 유모 신분을 최대한 이용하여 어리고 무능한 황제의 실질적인 재상 역할을 하였다고 해도 과언이 아니다.

여시중이란 관직은 그녀에게 허울일 뿐 사실은 거의 황제나 다름없는 권력을 휘두를 수 있었다. 그녀는 아들 목제파(황제가 목씨를 하사함)를 황제에게 천거하니 그는 황제의 환심을 사 궁중 요직을 맡았는데 차례로 대장군, 녹상서사錄尚書事, 성양군왕城陽郡王 등으로 봉해진다. 뿐만 아니라, 육영훤의 설득에 고위는 반역죄로 처형당한 그녀의 남편을 추증追贈*하였다.

그런 분위기에서 대신들은 바보가 아닌 이상 그녀 앞에서 어떻게 처신해야 하는지 잘 알고 있었을 것이다. 대신들은 그녀의 라인에 줄을 서게 되었는데 화사개도 그 가운데 한 명이었다. 화사개는 고위가 즉위한 후 선황의 대신이라는 명분으로 잠시 권력을 잡았지만, 육씨의 커져가는 세력에 두 손을 들고 그녀를 양어머니로 모시며 비위를 맞추었다. 간신배들이 하나둘씩 그들을 중심으로 눈덩이처럼 뭉쳐 자기 한 몸 의지할 곳을 찾았다.

고아나굉高阿那肱이란 자도 그런 간신배들 중 한 명이다. 별다른 능력 없이 아부 떠는 것만으로 화사개의 눈에 띈 후 그의 천거로 황제의 총애를 받아 훗날 재상까지 된 인물이다. 그는 조정의 대세

---

* 추증追贈: 사후에 관위官位나 시호諡號 등을 내리는 것을 가리킨다.

가 이미 육영훤에게로 기우는 것을 보고 자신도 양모로 모시며 목제파와 호형호제하기 시작했다. 육영훤은 자신에게 충성하는 자가 또 한 명 나타났으니 오는 사람을 굳이 막을 필요가 없었다.

그런 그녀가 넘쳐나는 간신배들 중 자신에게 가장 이용가치가 있다고 생각한 사람이 있었으니 바로 조정祖珽이란 대신이었다. 그는 문무文武를 모두 갖춘 보기 드문 인재였지만 덕이 없는 사람이었다. 조정도 육영훤에게 온갖 아부를 다 떨며 손을 내밀자 그녀는 황제를 설득해 그를 문관인 은청광록대부銀靑光祿大夫, 비서감秘書監으로 봉하도록 하였다.

나라가 날로 부패해지자 고담의 셋째 아들 낭야왕琅邪王 고엄高儼, 고담의 사촌인 조군왕趙郡王 고예高睿 등이 불만을 표했지만 오히려 모두 죽임을 당하는 비극을 맞았다. 조군왕 고예는 화사개를 탄핵했다가 육영훤과 호태후에게 살해당했다. 얼마 후 낭야왕 고엄이 화사개를 죽이자 육영훤은 조정祖珽과 함께 황제를 종용해 친동생 고엄高儼을 죽이게 한다.

좌승상 곡율광은 육씨 모자의 세력들이 나라를 쥐락펴락하는 꼴에 분개하며 공공연하게 적대감을 표출했다. 곡율광만큼은 육영훤과 조정도 두려워했다. 그는 황제의 장인이자 군사를 장악하고 있었으며 본인 또한 지략과 용기를 갖춘 백전불패의 명장으로 북제왕조의 기둥이 되는 인물이다. 무능한 황제와 간신배들이 득실거리는 북제라지만 그나마 곡율광이라는 뛰어난 장군이 있기에 이웃 나라 북주北周가 쉽게 쳐들어오지 못했다.

육영훤의 최대전략이 바로 필요한 사람을 자신의 인맥 안에 끌어들이는 것이 아니던가. 그녀는 아들 목제파와 곡율광의 차녀를 혼인시키는 것으로 그와 사돈을 맺으려 수차례 접근했지만 번번이 그에게 거절당했다. 이에 앙심을 품은 육영훤 모자는 조정祖珽과 함께 그를 제거할 기회를 호시탐탐 노렸다.

당시 적국인 북주의 명장 위효관韋孝寬은 곡율광과의 몇 차례 싸움에서 모두 패하자 전쟁터에서는 그를 절대로 이길 수 없음을 느낀다. 육영훤과 곡율광의 사이가 좋지 않다는 것을 알게 된 위효관은 그것을 이용하는 책략을 꾀했다. 그는 곡율광이 황위를 찬탈할 야심이 있다는 뜻이 담긴 동요를 북제 수도에 퍼뜨렸다. 육영훤, 조정, 목제파 등은 이때가 절호의 기회라 생각하고 그를 모함하였다. 어리석고 귀가 얇은 황제 고위는 이를 곧이듣고 곡율광을 죽이고 곡황후를 폐위시켰다.

태후의 자리를 탐내다

육영훤이 황제에게 황후의 자리가 비었으니 목부인穆夫人이 어떻겠냐고 하자 호태후가 강하게 반대하며 조카딸 호소의胡昭儀를 황후로 봉하게 한다. 육영훤은 태자의 생모가 목부인인 점을 들어 황제를 설득해 끝내 목씨를 좌황후左皇后로 봉하게 하였다. 하지만 목부인이 만족하지 않고 불만을 토하자 육영훤은 기회란 또 오는 법이라며 자신의 양녀를 달랬다.

그 기회는 생각보다 빨리 찾아왔다. 어느 날 궁에서 호태후와 대화를 나누던 육영훤은 갑자기 한숨을 쉬며 중얼거렸다.

"열 길 물속은 알아도 한 길 사람 마음은 모른다더니 친조카가 그런 말을······"

호태후가 그게 무슨 말이냐며 다급히 묻자 그녀는 큰 말실수를 한 것 마냥 "아……아무것도 아닙니다."라고 하면서 연신 머리를 저었다.

호태후가 괜찮으니 무엇이든 말하라고 여러 번 설득하고 난 후에야 "호황후가 황제에게 '태후의 행실이 바르지 못하니 어머니의 자격이 없다'고 아뢰었답니다."고 말했다. 그 말은 들은 태후는 얼굴이 창백해지더니 입술까지 부르르 떨었다.

호태후의 행실이 방탕한 것은 이미 알만 한 사람들은 다 알고 있었으나 뒤에서만 쉬쉬하고 있었다. 고담의 신하인 화사개와 사통하던 태후는 남편이 죽자 마음 놓고 그를 침소로 불러들였다. 그 후 화사개가 죽자 절에 드나들면서 승려들하고 놀아났다.

몇 년 전에는 이런 일도 있었다. 황제 고위가 태후 옆에 있는 두 시녀를 보고 욕정을 느꼈다. 사람을 시켜 그녀들을 강제로 데리고 가 치마를 벗긴 순간, 남자들임을 알고 큰 충격을 받았다. 추궁한 결과 태후가 그들을 옆에 두고 향락을 즐기기 위해 여자로 분장시켰다는 것이 밝혀지고 말았다. 격분한 고위는 그 자리에서 그들의 목을 베고 당분간 태후를 연금하기까지 했다.

그런 과거가 떠오른 호태후는 수치스럽기도 하거니와 자신이 직접 추천하여 황후가 된 조카가 그런 말을 한 것에 대해 더없이 괘씸했다. 그녀는 홧김에 호황후를 삭발시켜 절에 보내버렸다. 아들인 황제에게 신임을 잃고 육영훤의 계략에 빠져 조카인 황후마저 내친 태후는 순식간에 이빨 빠진 호랑이가 되고 말았다. 그 후 태후는 어쩔 수 없이 궁에서 조용한 나날을 보냈다. 북제가 멸망한 후 장안 거리에 나앉았다가 기생이 되었다는 설도 있다.

황후자리가 또다시 비자 목부인이 이번에는 순조롭게 황후자리에 앉게 되었다. 그리고 육영훤은 황후의 어머니 자격으로 1품인 태희太姬에 봉해졌다.

북제의 멸망

충신들이 모두 제거되고 후궁도 완전히 장악하였으니 북제는 육영훤 모자와 간신배 조정祖珽의 천국이 되었다. 당장이라도 북주에서 쳐들어 올 위기에 처해 있었지만 이들은 권력이 가져다주는 쾌락을 누리느라 정신이 없었다. 사치한 생활로 국고가 비어가자 가혹한 세금으로 충당되었다. 국력이 바닥을 치고 백성이 도탄에 빠져도 그 누구도 관심을 가지려 하지 않았다.

그런데 그녀의 심복 조정이 세력을 점점 키워나가자 육영훤은 불안감을 느끼게 되었다. 언젠가 후환이 될 것을 우려한 그녀는 조정의 관직을 파면하고 서주자사徐州刺史로 좌천시켰다. 이후 그의 자리에 아들 목제파를 앉혀 실권을 쥐게 하였지만 그것도 잠시였다. 그들에게 남은 건 가파른 내리막길뿐이었기 때문이다.

576년 북제는 북주의 진공을 받고 이듬해 수도 업성鄴城이 함락되었다. 고위가 어린 태자 고항高恒과 함께 다른 나라로 도망치자 목제파는 북주에 투항하였다. 북주의 주무제周武帝는 목제파를 죽이지 않고 오히려 주국柱國, 의주자사宜州刺史로 봉했다. 그것을 본 북제의 장수들은 잇따라 북주에 투항하였다.

이듬해 고위는 태자에게 황위를 물려주고 태상황제가 되었지만 옆에 있던 간신 고아나굉의 밀고로 북주에 포로로 잡혔다. 이로써 북제는 남북조시대의 또 하나의 단명왕조로 역사에서 영원히 사라졌고 이용가치를 상실한 목제파는 고위 등과 함께 살해된다.

육영훤은 아들이 북주에 투항하는 것을 보고 자살로 생을 마감했다. 비록 노비 출신이었지만 십여 년의 짧은 기간이나마 최고의 권력을 잡았던 그녀는 그렇게 역사의 무대에서 퇴출되었다.

그녀는 북제의 멸망에 큰 영향을 끼쳤으나 그렇다고 단지 한 사람으로 인해 나라가 멸망했다고 하는 건 개인의 역량을 지나치게 과대평가하는 것으로 보인다. 그녀가 아니었어도 북제는 망했을 것이고 누군가가 널려있는 나라들을 통일했을 것이다. 그러한 혼란과 분열의 시대는 이후 수나라에 의해 통일된다.

중국역사에서 여자가 권력을 잡은 적은 많았지만 대부분 황후이거나 후궁들이었다. 죄인의 아내로 노비까지 추락했다가 정식 관직을 받고 국가대권을 잡은 것은 동서고금을 막론하고 드문 일이 아닐 수 없다.

2013년 《육정전기陸貞傳奇》라는 한 드라마가 중국 시청자들의 안방을 뜨겁게 달구었다. 이듬해 이 드라마는 한국 공중파(MBC)에 수출되어 《여상육정》이라는 제목으로 심야시간대 방송되면서 관심을 모았다. 북제 시기 육정이라는 여인의 파란만장한 인생을 그린 드라마이다. 이미 눈치 채셨겠지만 여기서의 주인공 육정은 바로 육영훤을 모티브하여 각색한 인물이다.

입궁한 배경, 후궁들의 암투, 그녀와 고담의 애틋한 러브스토리 등은 실제 역사와는 다르지만 화려한 의상과 흥미진진한 전개는 시청자들에게 재미를 선사했다. 그러나 일부에서는 '가장 무능한' 황제 고담을 백마 탄 왕자님으로, 망국요녀를 애국자로 둔갑시킨 드라마의 심각한 왜곡을 꼬집으며 비난했다. 이에 드라마 관계자는 북제시대를 배경으로 했을 뿐 실제 역사인물을 다룬 사극은 아니라고 해명했다.

다큐멘터리가 아닌 드라마에 어느 정도의 허구는 필요하지만 사극이 개인의 역사관에 주는 영향력은 실로 무시할 수 없다. 드라마를 즐기더라도 역사의 본 모습을 알려고 하는 노력이 중요한 것 같다.

제8장

유일무이 여황제
무측천

무측천

　여인은 평화롭게 잠든 딸을 조용히 바라보았다. 태어난 지 한 달 정도 된 아기의 목은 한손으로도 충분히 움켜잡을 정도로 가늘고 여렸다. 목을 조르려던 여인이 흠칫 손을 풀었지만 결심을 바꾼 것은 아니었다. 목에 손자국이 남을 수도 있는데다 울음소리까지 나면 곤란하다는 생각에 강보를 아기의 얼굴에 덮었다. 연약한 아기의 저항은 오래가지 않았다. 몇 차례 몸을 파닥이다가 잠잠해졌다.

　덜덜 떨리는 손으로 강보를 젖힌 여인은 울음을 참기 위해 이를 악물었다. 원하는 것을 얻기 위해서라면 아기를 희생시킬 수밖에 없었지만 막상 죽이고 나니 어쩔 수 없는 어미의 슬픔이 밀려들었다. 그러나 슬퍼할 시간도 없이 서둘러 황제의 처소에 가야 했다. 여인은 자신이 괴물로 변한 것 같은 착각이 들었다.

다행히 이 핏줄의 '희생'은 헛되지 않았다. 얼마 뒤 그녀는 그토록 바라던 황후가 되고 한걸음 더 나아가 새로운 역사를 쓰게 된다. 바로 중국 유일무이 여황제가 된 것이다.

그녀는 과연 누구인가?

이름: 미상

출생－사망: 624년~705년

출생지: 장안(長安, 지금의 섬서성陝西省 서안西安)

직업: 황제

그녀는 처음부터 비범했다

번듯한 저택 앞에 멈춘 마차는 잠시 대기하고 있었다. 궁에서 온 마마가 몇 번이나 재촉해서야 소녀는 어머니의 손을 뿌리치고 보따리를 든 채 대문을 나섰다. 어머니는 울면서 뒤따라와 그녀의 손을 꼭 잡았다. 후궁으로 뽑힌 딸은 열네 살, 이제 헤어지면 영원히 만날 수 없을 것만 같았다. 앞으로 험난하고 외로운 궁 생활을 할 딸의 처지를 생각하니 눈물이 멈추지 않았다.

"천자를 모시는 일이 화일지 복일지는 어찌 알고 아녀자처럼 나약한 눈물을 보이십니까?"

소녀는 어머니를 껴안으며 도리어 자기가 위로했다. 그리고는 당당한 태도로 마차에 오른 후 어머니를 향해 여유로운 미소를 지었다.

우리에게는 측천무후則天武后로 잘 알려진 그녀의 생애는 파란만장 자체였다.

우선 그녀의 본명에 관해 이야기해보자. 중국 역사상 '유일한 여황제'라는 타이틀을 갖고 있지만 그녀의 본명을 아는 사람이 없다. '측천則天'이라는 칭호는 그녀가 퇴위한 후 새 황제, 즉 그녀의 아들이 어머니를 위해 지은 시호 '측천대성황제則天大聖皇帝'에서 따온 것이다. 일부 사람들은 '무조武曌'를 본명으로 알고 있지만 이는 그녀가 황제가 될 무렵 '조曌'라는 한자를 새로이 만들어내어 자신의 이름으로 정한 것이다. 이 신생 한자에는 해日와 달月이 하늘空에 떠 있는 모양처럼 천하를 비춘다는 의미가 담겨 있다.

당나라 이후부터 근대까지 무후武后라고 불렀는데 한국에서 그녀를 지칭할 때 쓰는 '측천무후'도 여기에서 비롯되었을 것이다. 하지만 '무후'라는 호칭은 황후의 지위만 나타낼 뿐, 황제로서의 신분은 나타낼 수 없게 된다. 근대에 이르러 중국에서는 그녀의 기세를 가장 잘 표현할 수 있는 측천則天이라는 시호에 성씨를 더하여 무측천이라고 부르고 있다. (이하 무측천)

출생지에 대해서도 의견이 분분하다. 결론부터 말하자면 병주(幷州, 지금의 산서성)는 그녀의 본관이고, 장안(長安, 지금의 섬서성 서안)은 그녀의 출생지이며, 이주(利州, 지금의 사천 광원)는 그녀가 자란 곳이라고 한다. 본적지를 중요하게 여기는 중국의 관습에 따라 그녀의 고향을 병주 문수현(幷州文水縣, 지금의 산서성 문수현)으로 표기하는 경우가 많다.

무측천의 아버지 무사확武士彠은 병주 문수현 출신이며 목재상으로 큰 부자가 된 인물이다. 당고조 이연李淵이 수나라에 맞서 반란을 일으킬 때부터 그를 지원하여 건국에 큰 공을 세웠다. 건국 이후에는 원종공신元從功臣으로 대우를 받으며 공부상서工部尚書와 이주利州, 형주(荊州, 지금의 호북강릉) 도독都督 등을 역임했다.

620년, 무사확의 본처가 병으로 죽자 이연의 소개로 양楊씨 집안의 규수를 새로이 맞이했다. 양씨는 수나라 황실의 성씨로서 명문 중의 명문이었다. 당시 40세의 양씨와 재혼한 무사확은 세 명의 딸을 낳았는데 둘째가 무측천이다. 무측천은 어릴 때부터 미모가 출중하고 총명하였으며 책 읽는 것을 좋아했다. 12살 때 무사확이 죽자 본처와의 사이에 두었던 두 아들들이 양씨와 이복여동생들을 핍박하였다.

《구당서舊唐書》에 의하면 637년, 14살이던 무측천은 당태종의 부름을 받고 황궁으로 들어가게 되었다. 그녀의 미모가 여러 사람들의 입을 통해 태종의 귀에까지 들어갔던 것이다. 그러나 어머니 양씨는 달갑지 않았다. 황궁이란 어떤 곳인지 잘 알고 있었기 때문이다.

당나라 시인 백거이가 《장한가長恨歌》에서 "아름다운 후궁이 삼천 명 있지만(後宮佳麗三千人), 삼천의 총애는 오직 한 몸에 있네.(三千寵愛在一身)"라고 했듯이 대부분 후궁들이 황제 한 명만 바라보다 쓸쓸하게 생을 마감하는 곳에 딸을 보내기가 싫었다.

그러나 무측천은 조금도 슬퍼하거나 걱정하지 않았으며 오히려 어머니를 달랬으니 그녀는 확실히 비범했다.

태종에겐 너무 버거운 그녀

황궁으로 들어간 무측천은 정5품의 재인才人에 봉해지게 된다. 궁에 들어가자마자 재인의 품계를 받는 것은 흔치 않은 일이었다.

① 잠깐! 이 시기 후궁 품계는 어떻게 될까?

당나라 건국 초기에 수나라 제도를 그대로 답습하여 황후 아래로 정1
품의 비妃 4명, 정2품의 빈嬪 9명, 정3품의 첩여婕妤 9명, 정4품의 미인
美人 9명, 정5품의 재인才人 9명, 정6품의 보림寶林 27명, 정7품의 어녀
御女 27명, 정8품의 채녀采女 등 27명을 두었다.

참고로 같은 당나라라고 하여도 시대별로 조금씩 상이하다.

당태종은 미모가 빼어난 무측천에게 '무미武媚'라는 호를 하사하
였다. 그러나 그것은 수나라 때부터 유행하던 《무미랑舞媚娘》이라
는 노래제목에서 따온 것으로 보아 그다지 진지하지 않은 것으로
보인다. 마치 오늘날 '옥경이'라는 노래가 유행한다고 하여 즉흥적
으로 붙여 준 것과 다를 바 없었다.

그 후 당태종은 국사에 전념하느라 이 '무미'라는 호를 준 소녀는
까맣게 잊었다. 그러나 무측천은 낙심하지 않고 황제에게 눈도장을
찍을 기회를 엿보고 있었다.

당태종

당나라 염입본閻立本의 〈보련도步輦圖〉 속 당태종

드디어 기회가 찾아왔다. 북방민족인 선비족 출신이었던 당태종은 말을 몹시 좋아했다. 그에게는 '사자총獅子驄'이라는 말이 있었는데 털이 사자처럼 곱슬곱슬하여 붙여진 이름이다. 하지만 이름처럼 성질이 사나워 길들이기가 어려웠다.

어느 날 문무백관과 후궁들을 데리고 말을 보러 간 당태종은 사자총 앞에서 한숨을 쉬며 말했다.

"준마임에는 틀림없지만 길들일 사람이 없구나."

누구도 나서지 못하고 침묵이 흐를 때 재인이었던 무측천이 당당하게 앞으로 걸어 나오며 입을 열었다.

"신첩이 길들일 수 있습니다만, 세 가지 물건이 필요합니다."

당태종은 어디에선가 본 듯한 그녀를 보며 물었다.

"그게 대체 무엇이냐?"

"첫째는 쇠 채찍이고 둘째는 쇠메(큰 쇠망치)이며 셋째는 비수입니다."

"그것들을 어디에 쓰려고 그러느냐?"

그녀는 기다렸다는 듯이 또랑또랑한 목소리로 대답했다.

"우선 쇠 채찍으로 때립니다. 그래서 만약 길들여지지 않으면 쇠메로 머리를 칩니다. 그래도 말을 듣지 않으면 비수로 찌를 것입니다"

당나라 주방周昉의 〈잠화사녀도簪花仕女图〉

당나라 영태공주永泰公主 무덤 속 벽화

꽃다운 소녀의 입에서 나온 말이라는 것이 믿기지 않는 듯 현장에 있던 모든 사람들은 입을 다물지 못했다. 놀랍기는 당태종도 마찬가지였다. 한동안 말이 없던 그는 드디어 입을 열었다.

"참 용감하구나."

사자총 사건으로 그녀는 황제에게 제대로 각인되었지만 오히려 마이너스로 작용했다. 그도 그럴 것이 태종의 '이상형'은 장손황후처럼 인자하고 여성스러운 스타일이었는데 무측천은 자신의 거침없고 잔혹한 면을 그대로 보여 줬으니 사랑받을 리 만무했다. 이 사건을 계기로 그녀는 승은은 물론 십여 년 동안이나 입궁할 때의 재인의 신분에서 승진하지 못했다.

기회는 만드는 것

무측천이 26세가 되던 해, 당태종이 병으로 드러누웠다. 가장 우려하던 사태가 현실로 닥치게 되자 후궁들은 실의와 낙담에 빠졌다. 황제가 죽으면 자식을 낳지 못한 후궁들은 절에 들어가 비구니로 살아야 했기 때문이다.

무측천은 반복되는 무료한 궁 생활을 하니 황제의 간병에 더욱 큰 의미를 두었다. 만에 하나 정성으로 간호하여 황제가 건강을 다시 회복하기라도 한다면 자신의 미래를 위해서도 더욱 보람 있고 가치 있는 일이 아니겠는가. 그렇게 항상 당태종의 곁을 지키던 그녀는 문병 온 황태자 이치李治의 눈에 띄게 되었다.

이치

① 잠깐! 당고종 이치는 누구?

이치(李治, 628~683)는 원래 황태자가 아니었다. 그는 당태종의 9번째 아들로 어릴 때부터 심성이 바르고 의젓하며 형제들과 사이좋게 지냈다. 그가 진왕晉王으로 봉해진 네 살 때의 일이다. 하루는 태종이 스승의 지도하에 《효경孝經》을 공부하고 있는 이치에게 이 책에서 가장 중요한 내용이 무엇이냐고 물었다. 그러자 어린 그는 "효란 처음에는 부모를 섬길 때 하는 것이고, 커서는 군왕한테 하는 것이며, 결국엔 마음을 착하게 하고 행실行實을 바르게 하는 것입니다. 신하는 황제를 잘 섬겨야 하고, 조정에 나갈 때 마음속에 늘 충성을 다짐해야 하며, 황제가 잘못된 결정을 하게 된다면 신하는 집에 돌아와서 미덕을 쌓음으로써 그것을 보완해야 합니다." 고 말했다. 태종은 그의 말을 듣고 크게 기뻐하며 말했다. "정말 그리 한다면 부모와 형제를 잘 섬기고 훌륭한 신하가 될 수 있겠지."

9살 때 생모 장손황후가 세상을 뜨자 효자였던 그는 거의 매일 울다시피 하며 슬픔에 잠겼다. 이를 본 태종은 자주 찾아와 위로하였으며 이때부터 더욱 그에게 관심을 가지고 사랑해 주었다. 얼마 뒤 대장군으로 임명하기까지 하였다.

이때 장남 이승건李承乾이 태자였는데 그는 총명하고 정무도 잘 처리하여 처음에는 태종의 신뢰를 얻었다. 그러나 크면서 점차 놀기 좋아하고 호색했다. 게다가 같은 장손황후 소생인 동생 위왕魏王 이태李泰가

태종의 사랑을 독차지하는 것에 대해 더없는 질투를 느끼어 태종에게 대들기도 하였다. 실제로 태종은 장손황후가 낳은 세 명의 아들 중에서 둘째인 이태를 가장 예뻐했다. 그것이 오히려 이태로 하여금 형 이승건만 없으면 자신이 태자가 될 수 있다는 착각을 하게 만들었다. 그리하여 자꾸 형을 향해 도발하였고 이에 분노를 참지 못한 이승건은 먼저 병사를 동원해 반란을 일으키려다가 적발되었다.

결국 643년, 태종은 이승건을 태자에서 폐위하고 이태도 유배를 보냈다. 자신도 형제들과의 피비린내 나는 다툼을 거쳐 황제가 된 만큼 자식들은 자신의 길을 반복하게 하고 싶지 않았다. 성품이 온화한 이치라면 자신이 죽은 후에라도 형제들과의 싸움은 피할 수 있을 것 같았다. 같은 해, 당태종은 장손무기 등과 상의한 후 이치를 태자로 봉했다. 태종은 매번 조회를 나갈 때마다 그를 옆에 앉히고 자신이 정무를 처리하는 것을 보게 하였다.

644년, 고구려를 치고 돌아온 태종에게 독창(毒瘡, 독기가 있는 악성 종기)이 난 것을 보고 이치는 아버지를 위해 입으로 직접 그 독을 빼내드리기도 하였다. 이에 태종은 그의 효심에 무한한 감동을 받았다.

사람은 자신과 비슷한 이성보다는 반대성향의 이성에게 끌리는 경우가 많다. 적극적이고 거침없는 성격의 무측천이 그녀와 성향이 비슷한 당태종 이세민에게는 그다지 매력적으로 느껴지지 않아도 소극적이고 나약한 이치에게는 끌리는 상대였다. 이치는 연상의 그녀를 몰래 쳐다보며 점점 흠모하는 감정이 피어오르게 되었다.

무측천도 어느 순간부터 그의 눈빛을 느끼고 마음에 담아두었다. 하지만 그녀는 엄연히 후궁이었기에 그들의 사이는 윤리적으로 용납되기 어려웠으며 당시 상황에서는 불가능했다.

당태종이 세상을 떠난 것은 649년이었다. 무측천은 궁에서 나와 감업사感業寺라는 절의 비구니가 되어야 했다. 같은 해 6월, 태자 이치가 황위를 이어받고 당나라 제3대 황제 고종高宗이 된다. 그의 즉위가 어둠에 가려 아무것도 보이지 않았던 무측천의 미래에 한줄기의 빛이 되리라고는 그 누구도 생각하지 못했다

이듬해 650년, 태종의 기일이 되자 고종 이치는 아버지를 추모하기 위해 감업사로 향했다. 많고 많은 절 가운데 왜 굳이 감업사로 갔을까? 그것은 고종이 그녀가 절에서 쓴 시《여의낭如意娘》을 받아보았기 때문이다.

看朱成碧思紛紛,　　붉은 색이 푸르게 보일 정도로 마음이 어지러워요.

憔悴支離為憶君.　　그대 그리워하다 몸도 마음도 초췌해졌어요.

不信比來長下淚,　　항상 눈물 흘리면서 살고 있는 것을 못 믿으시겠거든,

開箱驗取石榴裙.　　상자 열어 눈물자국으로 얼룩진 붉은 치마를 보세요.

고종을 만난 무측천은 그동안의 외로움을 토하듯 눈물을 왈칵 쏟았다. 감성이 풍부하고 연약한 성품의 고종도 덩달아 같이 눈물을 흘리게 되었다. 아무리 사모하고 연민의 감정이 솟아난다고 해도 아버지의 후궁이었던 그녀를 궁으로 불러들이는 것은 결코 쉬운 일이 아니었다. 매사에 소극적이고 결단력이 부족했던 고종은 실행에 옮기지는 못하고 주저하기만 하였다.

소문은 빠르게 퍼졌다. 황제와 무측천이 서로 마주치자 눈물을 흘렸다는 이야기가 살을 붙여가며 궁에 퍼졌고 황후였던 왕씨의 귀에까지 들어가게 되었다.

예상치 못하게도 궁의 상황은 무측천에게 유리한 방향으로 흘러가고 있었다. 그때 소숙비蕭淑妃가 고종의 총애를 독차지하고 있어 왕황후는 그녀를 견제할 힘이 필요하던 참이었다. 게다가 황후는 슬하에 자식이 없었지만 소숙비는 아들 하나에 딸 둘을 낳아 의기양양해 하니 눈에 든 가시처럼 미웠다.

왕황후는 감업사에 사람을 보내 무측천에게 머리를 기를 것을 권유하는 한편, 고종에게 무씨를 궁으로 불러들이면 어떻겠냐고 제안했다. 소극적이고 피동적인 고종은 황후의 뜻밖의 제안에 입을 다물지 못하고 기뻐하며 무측천을 입궁시키게 된다.

고육계

651년, 28살이 된 무측천은 궁녀의 신분으로 다시 궁에 돌아오게 되었다. 14년 전 처음 입궁할 때와는 비교조차 할 수 없이 품계가 낮았지만 실제의 위치는 전혀 그렇지 않았다. 그녀는 왕황후에게 충분히 예의를 갖추면서 소숙비를 헐뜯는 등으로 신뢰를 얻었다. 또한 궁녀, 환관들과 가까이 지내면서 인맥을 넓히고 정보를 얻기에 주력했다. 소숙비는 총애를 잃게 되었고 고종은 무측천만 찾았다.

그녀는 입궁한지 얼마 되지 않아 장남 이홍李弘을 낳게 되는데 황제의 자식, 특히 후계자가 될 수 있는 아들을 낳은 것은 높은 품계로 승격할 수 있는 충분한 명분이 되었다. 고종의 사랑은 더욱 극진해지고 그녀는 품계가 없었던 궁녀에서 일약 정2품의 소의가 되었다.

왕황후는 그제야 자신이 호랑이 새끼를 키웠음을 깨닫고 정신을 차리지만 그렇다고 이제 와서 무측천을 다시 감업사로 쫓을 수는 없는 노릇이었다. 고민에 고민을 거듭하던 왕황후는 미천한 후궁의 소생 이충李忠이 태자가 될 수 있도록 힘을 씀으로써 무측천과 소숙비를 함께 견제하기로 마음먹었다.

이를 눈치 챈 무측천은 자신도 손을 써야 할 때임을 느꼈다. 그러나 왕황후는 워낙 언행이 차분하고 조심스러워 딱히 흠집을 낼 곳이 없는데다 그녀의 뒤에는 장손무기長孫無忌 같은 원로대신들이 버티고 있어 선제공격하기가 쉽지 않았다.

654년 무측천은 장녀 안정安定공주를 출산하였다. 딸을 낳은 지한 달 쯤 되는 어느 날, 황후가 방문한다는 전갈을 듣게 된 무측천의 뇌리에는 기회라는 두 글자가 빛의 속도로 스쳐갔다. 그녀는 시녀에게 폐하를 뵈러 갈 테니 황후가 오면 아기가 있는 방으로 모시라고 시켰다. 그리고는 나가는 척 하다가 슬쩍 다시 처소로 돌아와 다른 방에 몸을 숨겼다.

황후는 속으로 내키지 않아도 내명부의 수장으로서 후궁이 출산하면 예의상 보러가야 했다. 무측천이 처소에 없다는 말을 듣고 돌아가려고 했으나 시녀가 아기를 한번 보고 가시라는 말에 마음이 동했다. 아이를 유난히 좋아했던 그녀는 고종과 결혼 후 아기소식을 간절히 바랐지만 번번이 실망했다. 침대에서 꼼지락 하는 무측천의 딸을 보니 아무리 앙숙의 딸이라지만 자신을 바라보며 생글생글

웃는 작은 생명이 너무나 귀여웠다. 그녀는 아기를 조심스레 안아 본 다음 자신의 처소로 돌아갔다.

황후가 돌아간 후 숨어있던 무측천은 갓 난 딸에게로 다가가 손을 썼다. 그리고는 재빨리 고종을 모시고 다시 처소로 돌아왔다. 이제 그녀의 뛰어난 연기력을 보여줘야 할 때이다. 그녀는 고종 앞에서 싸늘한 주검이 되어 있는 공주를 부둥켜안고 조금 전까지 멀쩡하더니 왜 이렇게 됐냐며 울음을 터뜨렸다. 고종은 시녀들에게 혹시 누가 다녀갔냐고 물었다. 황후가 다녀갔다고 하자 무측천은 큰 소리로 오열하며 "황후마마, 너무하십니다. 제가 아무리 잘못했기로서니 어찌 이렇게 어린 아이마저 가만두지 않으시는 겁니까."라고 하며 여우주연상이 아깝지 않은 연기를 펼쳤다. 그것을 지켜보던 고종은 펄펄 뛰며 내시에게 당장 황후를 불러오라고 명했다.

무측천이 딸을 질식시켜 죽이고는 황후에게 누명을 씌운 이야기는 너무나도 유명하며 후세 사람들이 그녀를 악녀로 평가하는 가

왕황후

무측천과 이치

장 큰 이유이기도 하다. 일부 사람들은 '설마 어미로서 목적을 달성하기 위해 그렇게 악독한 방법을 사용했을까.'고 의심을 하기도 하지만, 여러 가지의 상황을 분석해 보면 충분히 가능하다고 생각된다.

첫째, 황후는 아기를 죽일 정도로 잔혹한 성격의 소유자가 아닐뿐더러 최고의 위치에 있었던 상황에서 굳이 스스로 자신의 무덤을 파면서까지 손에 피를 묻힐 이유가 없다.

둘째, 만일 황후가 무측천의 자식을 죽이려고 마음먹었다면 장차 황제가 될 가능성이 있는 아들을 죽였을 것이다.

셋째, 아무리 갓난아이라고는 하지만 아무런 증상도 보이지 않다가 갑자기 죽을 수는 없다.

넷째, 무측천의 성격과 이후의 행보를 볼 때 얼마든지 그러고도 남을 인물이다.

왕황후는 이 사건을 계기로 고종의 신임을 완전히 잃었고 지위도 크게 흔들리게 되었다. 얼마 후 무측천은 황후가 고종을 저주하는 주술행위를 했다고 모함하였다. 이미 황후에게 정이 떨어진 고종은 이를 믿고 그녀를 폐위하기로 마음을 굳혔다. 이로써 무측천은 자신의 야망을 향해 한발자국 더 앞으로 다가가게 되었다. 훗날 공주에게 '그리워 할 사思'라는 시호를 내렸는데 여기에는 딸에 대한 그리움, 미안함에 따른 죄책감 그리고 고마움까지 두루 내포되었으리라 짐작된다.

황후가 되다

655년, 32세의 무측천은 황후의 자리에 오르게 되었다. 그녀는 왕황후와 소숙비를 차마 형언하기조차 어려울 정도로 잔인하게 살해하고 반대파에 섰던 장손무기와 저수량 등의 원로대신들을 제거하는데도 성공하였다. 특히 장손무기의 제거는 반드시 필요했다. 그는 원로대신으로서의 정치적 비중이 막중할 뿐 아니라, 여동생이 당태종의 정실인 장손황후였기 때문에 권력이 대단했다. 그런 장손무기를 제거하지 않고서는 무측천이 뜻을 펴기가 쉽지 않았던 것이다.

태자가 적장자嫡長子*여야 하는 제도에 따라 후궁 소생인 이충李忠은 폐위되고, 무측천의 장남 이홍李弘이 네 살의 나이로 태자의 자리에 앉게 되었다. 이홍은 어렸을 때부터 학업에 열중하고 심성 또한 착했다. 아버지 고종은 여러모로 자신을 꼭 빼닮은 이홍을 각별히 아꼈으며 기대가 컸다. 이때까지만 해도 이홍이 고종의 뒤를 이어 황제가 될 거란 사실을 그 누구도 의심하지 않았다. 그러나 예상치 못한 변고가 생겼다.

성인이 된 이홍은 죽은 소숙비의 두 딸이 서른 살이 되도록 궁에 갇혀 폐인처럼 지내는 모습에 측은한 마음이 들었다. 하여 무측천에게 이복누나들을 혼인시킬 것을 제안했는데, 그것이 어머니의 미움을 사게 된 계기가 되었다. 이후 여러 가지 사건들로 인하여 모자 지간에 금이 생기게 되고, 얼마 지나 24세의 젊은 나이로 죽고 말았다. 그의 사인은 아직까지도 논쟁의 대상이다. 무측천이 죽였다는 설도 있으나 원래 그는 어렸을 때부터 노채(癆瘵, 오늘날의 폐결핵)로

---

* 적장자嫡長子: 정실이 낳은 장남.

고생하였다는 점도 알아두자.

660년, 고종은 풍질(風疾, 오늘날의 심뇌혈관질병)이 자주 발작하여 정사를 보는 데 무리가 있자 총명하고 정치적 재능이 남다른 무측천에게 국가대사를 처리하게 하였다. 본격적으로 정치무대에 발을 내디디게 된 무측천은 빠르게 조정을 장악할 수 있었다. 민생과 경제가 확연하게 좋아지고 백성들의 칭송이 자자하였다. 그녀의 실질적인 통치는 이때부터 시작이 되었다.

그러나 무측천이 정치에 참여한 이후부터 고종과 대립이 발생하기 시작하였다. 예컨대 고종이 직접 군사를 이끌고 고구려를 침공할 것을 주장하자 무측천은 시기가 적절하지 않다며 극구 반대하였다. 여론이 황후에게로 기울자 고종은 그녀에게 라이벌 의식을 느꼈다. 황제로서의 위엄과 권위가 무시당하는 것에 더 이상 좌시할 수 없었다.

664년, 고종은 신임하던 상관의上官儀를 불러 자신의 불만에 대해 논의했다. 상관의가 최고의 권력을 갖고 있는 황제는 황후를 폐위할 수 있다고 하자 고종은 그럼 무측천을 폐위시킬 내용의 조서 초안을 작성하라고 하였다.

이 소식은 무측천의 정보망을 통해 빠르게 그녀의 귀에 들어갔다. 그동안 어떻게 쌓아올린 탑인데 이렇듯 허무하게 한순간에 무너지게 한단 말인가. 조서의 먹이 채 마르기도 전에 바람같이 달려간 무측천은 울면서 고종에게 따졌다.

"신첩이 그동안 폐하와 나라를 위해 어떤 노력을 했는지 아실 텐데 대체 무슨 중죄를 지었다고 폐위하시려 하십니까."

딱히 변명할 말이 없었던 고종은 얼버무리다가 상관의를 가리켰다.

"짐이...... 폐위 시키려고 한 것이 아니라...... 상관의가 그리하라고 시켰소."

그 결과 상관의는 반역죄로 몰려 사형을 당하게 되었다.

이 사건은 무측천이 다시 궁으로 돌아온 이래 가장 큰 위기였다. 황제 다음의 2인자여도 언제든지 모든 것이 한순간에 물거품이 될 수 있으며, 자신의 생사를 쥐고 있는 건 고종임을 일깨워주는 경종이 되었다. 무측천은 고종과 관계를 다시 회복하기 위해 노력했고 더욱 자세를 낮추었다. 사소한 부분들까지 고종의 비위를 거스르지 않기 위해 최선을 다했다.

얼마 지나 무측천은 자신도 조회에 나가는 것이 어떻겠냐고 하자 고종은 이를 흔쾌히 수락하였다. 그렇게 되어 고종은 국사 전반에 대해 뒤에서 발을 내리고 앉아 있던 황후와 의논한 후 결정하게 되었는데 이는 '수렴청정'과 비슷한 형태를 띠게 되었다.

이후 그녀는 '천후天后'로 승격하게 되고 고종의 병세가 악화된 후로는 전권을 행사하게 되었다. 680년 둘째 아들 태자 이현李賢이 반역죄로 폐위되고 셋째 아들 이현李顯이 그 자리를 계승하였다.

683년, 고종이 55세의 나이로 붕어하자 그의 유언대로 이현李顯이 황위를 계승하니 그가 바로 당중종(唐中宗, 재위 684년 1월-684년 2월 `705년-710년)이다. 태후가 된 무측천은 한 달 뒤 구실을 대어 이현을 폐위시키고 넷째 아들 이단李旦을 허수아비 황제로 앉혔다.

드디어 천하가 그녀의 손에 들어갔지만 다시 문제가 불거졌다. 아무리 개방적인 당나라라고 할지라도 태후가 정치에 간여하는 것도 모자라 황제의 위치를 넘보는 것은 용납되기 어려웠다. 특히 황실 이씨 종친들이 완강하게 반대했다. 그러자 무측천은 장손무기 등의 원로들을 제거할 때부터 그녀를 위해 견마지로를 다했던 이의부李義府와 허경종許敬宗 등의 대신들을 적절하게 활용했다. 그들의 도움을 받아 무측천은 마침내 그토록 원하던 것을 이룰 수 있었다.

여황제의 통치

690년 9월 9일, 무측천은 67세의 고령에 황제가 되어 국호를 주周로 고쳤다. 이후 그녀는 15년 동안 황제의 자리에 앉아 통치하게 된다. 요즘 시대에도 여자가 대통령이 되는 것은 흔치 않은 일인데 당시에는 전대미문의 사건이 아닐 수 없다. 여황제라는 존재에 대해 유가교육을 받은 이씨 당나라 종친들과 이씨 왕조에 충성했던 대신들은 도저히 받아들일 수 없었다. 그들은 남자의 신분으로 여자군주를 모시는 것에 굉장한 수치심과 분개를 느꼈다. 겉으로는 마지못해 따랐겠지만, 그런 세력들이 결집되면 반란을 꾀할 수도 있었다.

무측천은 고심했다. 어떻게 하면 자신의 통치에 위협이 되는 '숨은 적'들을 찾아내고 권력을 공고히 할 것인가? 그녀는 드디어 두 가지 해결방법을 생각해냈다. 그것은 궤검제도匭檢制度의 도입과 밀고를 장려하는 것이었다. 궤검제도의 시행을 위해 전례 없는 발명품 하나를 세상에 내놓았는데 바로 동궤銅匭라는 우편함이다. 동네마다 쉽사리 눈에 띄는 빨간색 우체통을 떠올리면 큰 오산이다.

동궤는 네 면이 청, 홍, 백, 흑색으로 되어 동서남북을 향하며 각기 다른 역할을 하였다. 동쪽을 향하는 청색 함에는 스스로를 천거하는 이력서를, 남쪽으로 향하는 홍색은 조정에 대해 건의를 넣도록 하였다. 그리고 서쪽을 향하는 백색 함에는 억울한 사연을, 북쪽을 향하는 흑색 함은 익명으로 누가 음모나 반란을 꾸미고 있음을 밀고하도록 하였다. 이중에 청, 홍, 백색 함들은 신하들에게 위임하여 중요사항만 보고 받았으나 흑색 함 만큼은 직접 관리했다.

그런데 우체통이 수도인 낙양에 있어 지방에 사는 백성들이 이용함에 있어서 어려움이 있었다. 이에 무측천은 또 한 가지 파격적인 결정을 하게 된다.

《자치통감》에 의하면, 지방에서 밀고하려는 자는 먼저 거주지의 지방관에게 보고해야 하고, 지방관은 밀고의 내용에 대해 묻지도 따지지도 말 것이며, 즉시 말을 준비하여 5품관의 대우를 해주어 안전하게 낙양으로 호송하여야 한다고 하였다.

또한, 백성들의 적극적인 동참을 격려하기 위해 밀고한 내용이 사실로 밝혀질 경우 관직을 하사하고 사실이 아닐지라도 책임을 묻지 않는다고 하였으니 사회에 '밀고 장려'라는 새로운 바람을 불어넣었다. 무측천은 이를 통해 만 명 이상의 백성들을 직접 만나보았다. 뒤에서 그녀의 통치에 대해 수군거리며 의견이 분분했던 사람들도 슬슬 입조심하기 시작하였다. 행여 자신에게 불똥이 튀지 않을까 하루 종일 가시방석에 앉은 사람처럼 전전긍긍하는 사람들도 많았다.

밀쳐야 본전이니 전국각지의 수많은 사람들이 낙양으로 모여들어 밀고에 동참하였다. 그 가운데 상당수는 동네건달들이나 시정잡배들로서 관직을 얻을 목적으로 무고한 사람들에게 누명을 씌웠다.

내준신來俊臣, 후사지侯思止, 주흥周興 등 자들이 바로 이때 등용된 관리들인데 혹리酷吏라 불렀다. 혹리란 혹독하고 무자비한 관리를 말한다. 그들은 무고한 사람들에게 죄를 씌우고 갖가지 소름끼치는 형벌로 고문하여 자백을 받아내기로 악명이 높았다. 이러한 공포정치는 무측천 등극 초기에 기강을 잡는데 어느 정도 긍정적 영향을 미쳤지만, 이후 군주와 신하 사이는 물론 대신들끼리도 불신하게 되어 정치발전에 장애가 되었다. 게다가 무지하

적인걸

고 잔인한 혹리들로 인하여 민심이 흉흉 하고 상소를 두려워하는 대신들이 많아지자 무측천은 더 이상 이들이 필요치 않음을 느끼고 대중들이 보는 앞에서 처형하였다. 이로써 십여 년의 공포정치는 드디어 막을 내리게 되었다.

무측천은 그래도 역사에서 공이 있는 황제이다. 가장 파격적이고 후세에 긍정적 영향을 미친 정책은 바로 인재 등용이다. 그녀는 종래의 틀을 과감하게 깨고 전국에서 올라온 인재들을 직접 시험하여 뽑는 전시殿試, 스스로를 추천하는 자거自擧, 무관을 채용하는 무거武擧 등등의 제도를 도입하였다. 이러한 인재 기용 제도 덕분에 그녀가 집권하는 동안 여러 분야의 인재들이 속출하였으며 신분의 틀을 깨고 과감하게 등용되었다. 재상 적인걸狄仁杰과 같은 대신들도 이러한 개명적인 제도의 덕을 보았다. 당나라의 문화는 새로운 발전의 국면에 들어섰고 훌륭한 시인, 문학가들이 대거 출현했으며 조각과 회화 등 예술 방면에서도 전례 없는 발전을 가져왔다.

또한 그녀는 집정 기간 동안 균전제를 널리 실시함으로써 농업을 발전시키고 수공업과 상업을 장려하는 정책을 펼쳤다. 이에 경제가 발전하고 변방도 안정되어 국가 발전과 민생 향상에 큰 기여를 하였다.

달도 차면 기운다

노년에 접어든 무측천은 후계자 문제로 고민이 많았다. 무씨 왕조를 이어가게 하기 위해 조카 무삼사武三思에게 물려주자니 친자식이 아니고, 아들에게 물려주자니 어렵게 얻은 천하를 다시 이씨 가문에 돌려주는 격이었다.

고민하던 어느 날 대신들에게 의견을 물어보자 재상 적인걸狄仁傑이 명쾌한 답변을 내놓았다.

"천하 백성들은 아직도 이씨 황실이었던 당唐을 그리워하고 있습니다. 전에 북방 변경에 위기가 왔을 때도 양왕(梁王−무삼사武三思)은 한 달 남짓한 기간에 병사 천명도 모집하지 못했지만, 여릉왕(廬陵王−이현李顯)은 며칠 만에 5만이나 모집하였습니다. 고모와 조카, 어머니와 아들의 관계 중 어느 쪽이 더 가깝겠습니까? 여릉왕을 태자로 봉하시면 천년만년 뒤에도 종묘에서 제사를 받는 복을 누리시겠지만 양왕을 태자로 봉하시면 종묘에 들어가지도 못할 것입니다."

무측천은 고심 끝에 이현李顯을 황태자로 복위시켰다.

70대의 무측천은 외롭고 허무했다. 이때 희대의 미소년으로 장안에 명성이 자자하던 장역지와 장창종 형제가 그녀의 눈에 띄어 총애를 받게 되었다. 장역지는 '오랑五郎', 장창종은 '육랑六郎'으로 불렸는데 특히 장창종의 미색이 뛰어났다고 한다. 관직을 하사받은 그들은 점차 권력을 믿고 오만해지기 시작했으며 주변에는 그들에게 아부하는 사람들이 넘쳐났다. 한 대신이 장창종에게 "육랑의 얼굴은 마치 연꽃과 같습니다."라고 아부를 하자 다른 한 대신이 나서면서 "아닙니다. 연꽃이 마치 육랑의 얼굴 같지요."라고 할 정도였다.

설회의薛懷義의 원래 이름은 풍소보馮小寶이며 당고조 이연의 딸 천금공주千金公主가 민간에서 발견한 약장수이다. 천금공주는 건장하고 방중술이 뛰어난 이 남자 애인을 무측천에게 바쳤다. 아니나 다를까 풍소보는 고종을 잃고 외로워하던 무측천에게 단비 같은 존재가 되어 총애를 받았다. 무측천은 그와 잦은 만남을 가지기 위해 승려가 될 것을 권유했고 백마사의 주지로 임명하였다.

또한 그를 사위였던 태평공주의 전 남편인 설소의의 호적으로 들어가 설회의라는 이름으로 개명하도록 하였다. 하지만 그는 총애를 믿고 횡포를 일삼더니 무측천의 새로운 애인 심남료沈南蓼에게 질투를 느끼고 이성을 잃었다. 급기야 그녀의 주의를 끌려고 성대한 의식을 행하던 궁전인 명당明堂에 방화를 저지른다. 이에 대노한 무측천은 태평공주를 시켜 그를 조용히 제거하라 명하였다.

태평공주는 그를 밖으로 유인해 유모 장씨와 힘센 장사 몇 명을 시켜 때려죽인 후 백마사에 묻었다.

그들은 점차 패거리를 지어 세력을 키웠으며 조정을 좌지우지하기 시작하였다. 또한, 장씨 형제는 무측천의 총애를 믿고 이현, 이단, 태평공주 등과도 공공연하게 적대했다. 이즈음 되자 위기를 느낀 이씨 세력들과 대신들은 장씨 형제를 제거할 기회를 엿보았다.

신룡 원년인 705년 정월 22일의 늦은 밤, 수많은 사람들의 소란스러운 소리가 무측천의 옅은 잠을 깨웠다. 그녀는 직감적으로 불길한 예감이 들어 벌떡 일어나 침상에 앉았다.

"드디어 올 것이 왔구나."

정확히 몇 초 뒤 재상 장간지張柬之가 피가 뚝뚝 떨어지는 검을

든 채 문을 열고 들어왔다. 그 뒤로 태자 이현과 몇 명의 대신들 및 무관들이 따랐다.

무측천은 나오는 기침을 참으며 목에 힘을 주고 소리쳤다.

"여기가 어디라고 감히 이 소란을 피우느냐!"

장간지가 나서며 말했다.

"장역지, 장창종이 모반하여 신 등은 태자의 명을 받아 두 역적을 제거하였습니다. 행여 계획이 밖으로 새나갈까 사전에 미리 고하지 못하고 허락 없이 쳐들어오게 되었습니다. 죽을죄를 지었나이다."

무측천은 고개를 돌려 부들부들 떨고 있는 아들 이현을 쏘아보았다.

"그래, 너구나. 죽일 사람 다 죽였으면 침소로 돌아가 쉬거라."

이때 옆에 있던 어떤 대신이 큰 소리로 말했다.

"태자께서는 이렇게 돌아갈 수 없습니다. 고종황제께서 붕어하기 전, 폐하께 태자를 맡기셨는데 더 늦기 전에 이제 그만 태자께 황위를 물려주십시오. 통촉하여 주시옵소서."

이어 침전에 있던 모든 사람들이 그녀를 향해 무릎을 꿇고 고개를 숙였다.

무측천은 더 이상 말할 힘도, 서 있을 힘도 없었다. 이들이 나간 뒤 그녀의 몸은 거친 겨울바람이 할퀴고 지나간 듯 뼛속까지 한기가 스며들었다.

며칠 뒤, 이현은 황제로 복위되고 국호는 다시 당唐으로 바뀌었다. 이현은 어머니 무측천에게 '측천대성황제則天大聖皇帝'라는 존호를 지어드렸다.

12월 26일, 향년 82세의 나이로 드라마틱한 일생을 마감한 무측천은 고종과 합장되었다. 중국에서 가장 장수한 황제 중 한 명으로 꼽히는 그녀는 유언을 통해 자신을 황제라는 칭호 대신 '측천대성황후則天大聖皇后'로 부르게 하였으며 죽은 후 '무자비無字碑'를 세우게 했다.

새로운 역사를 쓴 여황제인데 왜 비석에 아무 글도 쓰지 말라고 했을까? 이 또한 그녀의 비범한 면모를 보여주는 것이 아닐까 싶다. 사람들은 이에 대해 여러 가지 추측을 내놓았다. 이룩한 업적이 너무 많아 문자로 다 기록할 수 없으니 아예 아무 글도 새기지 말라고 했을 가능성과 후세 사람들에게 자신에 대한 역사적인 평가를 맡기겠다는 의미가 될 수도 있다고 이해하는 사람들도 있으며 지은 죄가 많아 차라리 쓰지 않는 것이 좋겠다고 생각해 그리 하였다고 하는 의견도 있다.

무측천은 중국사 전체를 통틀어 명실상부한 유일무이 여성 황제

당나라 장훤張萱의 〈당후행종도唐后行從圖〉 속 무측천　섬서성陝西省 함양咸陽에 위치한 당고종과 무측천의 합장릉 건릉乾陵 입구에 세워진 무자비

이다. 그녀에 대해서는 오늘도 다양한 평가가 끊이지 않고 있으며 늘 사람들의 토론대상이 되는 화제의 인물이다. 그도 그럴 것이 남존여비의 관념이 심했던 사회에 한 여인이 전통적인 사고방식과 속박을 떨쳐버리고 유일한 여제가 되었으니 말이다.

그러나 그녀에 대한 평가는 대체로 공로보다는 자극적인 일화에 많은 무게를 두게 된다. 그녀가 잔인하고 비정한 것은 의심의 여지가 없지만 대부분의 역대 황제들은 모두 치열한 골육상쟁을 거쳐 제왕의 자리에 앉았고 가혹한 통치를 펼쳤다. 우리는 그들에 대해서는 면역이 되어 그런가보다고 쉽게 넘기지만, 무측천이 권력다툼에서 수단과 방법을 가리지 않은 것에 대해서는 유독 부각시키게 된다. 또한 수천수만 명에 이르는 후궁을 둔 황제들은 당연하게 받아들여지지만, 고작 몇 명의 남자시종을 둔 그녀에게 사람들은 결코 관대하지 않았으며 호색하다고 손가락질 해왔다. 이제 성별을 떠나 여느 황제들과 같은 기준으로 그녀의 공과를 객관적으로 평가해 볼 필요가 있지 않을까 싶다.

남자들을 중심으로 돌아가는 역사의 소용돌이 속에서 오직 남성들만 차지했던 최고 권력에 도전장을 내밀어 당당히 황제가 된 그녀, 5백 명을 훨씬 넘었던 역대 황제 가운데 유일한 여성, 역사상 가장 번영했던 제국을 통치하면서 태평성세를 이룬 무측천은 실로 대단하지 않을 수 없다.

제9장

천하제일 여재상
상관완아

677년의 어느 날, 당나라 황궁인 대명궁大明宮에서 궁녀와 내시들이 분주히 움직이고 있었다. 조금 뒤 많은 시종과 무사의 호위를 받으며 나타난 범상치 않은 여인이 있었으니 그녀가 바로 황후 무측천, 황제의 힘을 능가하는 그녀에게서는 숨 막히는 위엄이 뿜어져 나왔다. 옥좌에 앉은 무측천은 아래를 내려다보더니 이미 오래전부터 꿇어앉아 있던 앳된 소녀에게 고개를 들라고 명했다.

청나라 안희원顏希源의 〈백미신영도전百美新詠圖傳〉 속 상관완아

조심스레 고개를 드는 소녀의 눈에는 총기가 흘렀다. 무측천은 누군가를 꼭 닮은 그녀를 보는 순간 흠칫 놀랐으나 표정을 가다듬고 문제를 냈다. 소녀는 미리 준비된 지필묵으로 한 치의 망설임도 없이 붓을 들어 써내려갔다.

조금 뒤, 무측천은 답안지에 적힌 글을 보고 연신 고개를 끄덕끄덕하며 흡족한 표정을 지었다. 문맥이 통하고 뜻이 확실하게 전달이 되어 수정할 곳이 없는 완벽한 문장이었다. 마치 미리 준비하고 적은 글 같았다. 잠시 후 처소로 돌아가는 무측천의 뒤에는 그 소녀가 따랐다.

그 후 이 소녀는 장장 28년 동안 무측천을 최측근에서 보필하게 된다. 가장 번영한 시기이자 여인들이 정치무대에 대거 등장한 당나라에서 그녀도 권력을 누렸으며 역사상 유일하게 여재상으로 평가받는 인물이다.

그녀는 과연 누구인가?

이름: 상관완아上官婉兒

출생-사망: 664년~710년

출생지: 섬주 섬현(陝州陝縣, 지금의 하남성河南省 삼문협三門峽)

직업: 여재상

범상치 않은 출생

그녀는 섬주 섬현(陝州陝縣, 지금의 하남성河南省 삼문협三門峽)사람으로 조상들은 서한 시기부터 조정 요직을 역임했으며 할아버지 상관의上官儀는 당태종과 당고종 시기의 재상이었다.

모든 위인들이 그러하듯 그녀의 출생도 신화적 태몽을 동반하여 신비롭게 각색되었다. 《신당서新唐書》에 의하면 상관완아의 어머니 정씨가 그녀를 임신했을 때, 꿈에 큰 저울을 든 한 노인이 나타나

뱃속의 아이가 장차 천하를 저울질 할 큰 인물이라고 했다. 정씨는 기뻐하며 아들이라고 생각했지만 낳고 보니 딸이었다. 남권사회에서 어찌 여자가 천하를 주름잡을 수 있단 말인가. 갓 난 딸을 바라보던 정씨가 한숨을 쉬며 "과연 네가 큰일을 할 수 있을까?"라고 중얼거렸다. 이때 상관완아의 응애응애 소리가 마치 "네! 네!"라고 대답하는 것 같았다고 한다.

기대에 잔뜩 부풀게 했던 태몽은 오히려 재앙으로 이어졌다. 상관완아가 출생한지 얼마 되지 않았을 때 할아버지인 상관의가 무측천을 제대로 건드렸기 때문이다. 한창 승승장구하던 무측천을 견제할 필요가 있다고 생각한 당고종은 재상 상관의를 불러 의논하였다. 상관의가 황제의 권한으로 황후를 폐할 수 있다고 건의하자 당고종은 그럼 그것에 관한 조서의 초안을 작성하라고 하였다.

소문을 듣고 쏜살같이 달려온 무측천은 당고종에게 자신이 무엇을 그렇게 잘못했냐고 따져 물었다. 고종은 무측천의 기세에 눌리고 그녀의 눈물에 마음이 약해져 얼버무리다가 자기는 그럴 마음이 없었는데 상관의가 부추긴 일이라며 비겁한 모습을 보였다.

앙심을 품은 무측천은 얼마 뒤 상관의에게 역모죄의 누명을 씌워 사형에 처하였다. 상관의는 불행하게도 고종과 무측천간의 부부싸움의 희생양이 되어버리고 말았다. 그 뿐만 아니라 관리였던 상관완아의 아버지 상관정지上官庭芝도 이때 같이 처형당하였다. 수백 년 동안 휘황찬란했던 상관가문은 이렇게 한순간에 몰락하게 되었다.

정씨는 생후 1년도 안된 딸과 함께 궁에 들어가 노비가 되었다. 이들은 궁궐 내 액정궁掖庭宮이라는 곳에 배정받았는데, 여기는 주로 궁녀들이 거처하거나 범죄를 저지른 관료 가족의 부녀들이 노동하는 곳이었다. 높이 솟은 담벽은 외부세계와의 단절을 의미했고 그들에게 더 이상의 자유는 없었다. 정씨는 매일 힘든 노동을 하면서도 어린 딸을 돌봐야 했다. 딸이 말귀를 알아들을 나이가 되자 글을 가르쳤는데 어찌나 영리했는지 백년이나 가물었던 사막이 빗물을 빨아들이듯 했다. 어린 것이 글을 깨친 뒤 하루 종일 책을 손에 들고 살다시피 했으며 바닥을 쓸면서도 종알종알 시를 읊었다.

무측천의 눈에 들다

당시 내문학관內文學館이라는 곳이 있었는데 중서성中書省 소속으로, 지정된 유생儒生들이 궁녀들에게 글을 가르치는 교육기관이었다. 궁녀들도 어느 정도 문학적 소질을 갖추도록 한 이 제도는 한참 이후의 명, 청 시대도 따라가지 못할 정도로 진보적인 것이었다. 4살이 된 완아도 여기에 들어가 글을 배웠는데 시작詩作에 능했던 할아버지의 피를 물려받아서인지 천재적인 소질을 보였다. 6살에 이미 시를 잘 써 신동이라 소문이 났고, 10살이 되어서는 하도 총명하여 가르치는 스승들도 몇 개월 가르치고는 더 이상 가르칠게 없다고 할 정도였다.

그녀의 재능은 14살에 빛을 보게 되었다. 황후인 무측천은 몸이 안 좋은 고종을 대신해 직접 국사를 처리하였는데, 나라에 황제가 두 명이 있다고 할 정도로 권력이 막강했다. 그러나 대부분의 대신들이 여자가 섭정하는 것에 그다지 호의적이지 않아 이런 저런 구실을 대며 반대하기 일쑤였다. 그녀는 자신의 편에서 일해 줄 인재들이 절실히 필요했다. 그러던 중 무측천은 상관완아의 재능에 대한 소문을 듣게 되었다. 이제 막 14살이 된 소녀라는 점이 그녀를 더욱 놀라게 했다. 어느 날 무측천은 옆에서 시중을 들고 있던 나이 든 궁녀에게 넌지시 물었다.

"요즘 내문학관에 똘똘한 아이 하나가 있다고 하던데 이름이 무엇이더냐?"

"상관완아라고 하는 아이입니다."

"상관?"

워낙에 흔치않은 성씨라 그녀의 머리에는 십여 년 전 일이 떠올랐다.

"네. 바로 상관의의 손녀이옵니다."

"그래? 흠......"

무측천은 잠시 생각에 잠기는가 싶더니 바로 사람을 불렀다.

"그 아이를 한번 만나러 갈 터이니 준비하도록 하여라."

이튿날 무측천은 내문학관을 방문했다. 자신도 입궁 후 선제가 붕어하기 전까지 여기에서 가르침을 받지 않았던가. 그녀의 '모교'와도 같은 이곳은 가장 외로운 궁녀 시절 그나마 무료함을 달래주던 곳이기도 했다. 그리하여 감업사에 쫓겨났다가 다시 궁에 돌아와 권력을 잡은 다음 한 일이 바로 이곳을 지원한 것이었다. 유능하고 박식한 유학자들을 뽑아 궁녀들을 가르치게 했으며 그녀가 직접 교재를 고르고 편찬하기도 하였다.

무측천은 상관완아를 본 순간 직감적으로 필요한 인재임을 느꼈다. 자신이 낸 문제를 전혀 긴장하는 기색이 없이 차분하게 붓을 들고 써내려가는 모습은 누가 봐도 평범하지 않았다. 무측천은 그날

명나라 구영仇英의 〈사계사녀도四季仕女圖〉

즉시 그녀의 노비 신분을 풀어주고 곁에 두었다.

이에 대한 사람들의 평가는 대체적으로 긍정적이다. 무측천 입장에서는 자신을 원수로 생각하고 언젠가는 복수할 가능성도 있는 상관완아를 곁에 둔다는 것은 모험이 아닐 수 없다. 하지만 그녀는 인재를 아끼는 것으로 유명한 군주이다. 상대방이 누구더라도 출신과 성별, 나이를 가리지 않고 오직 능력으로만 평가하였다.

한편 상관완아는 자신의 아버지와 할아버지를 죽인 원수가 무측천임을 이미 알고 있었는지에 대해서는 그 어떤 사서에서도 기록이 없다. 어쩌면 생후 몇 개월 뒤 궁에 들어오게 되면서 어머니 정씨는 각별히 입조심 했을지도 모른다. 비밀을 지키는 것이 자신과 딸을 위한 최상의 선택이기도 했을 것이다.

다른 가능성으로는 상관완아는 이미 알고 있었지만 자신이 갓 태어날 때의 일이라 그다지 가슴에 와 닿지 않았을 수 있으며, 아무런 힘이 없는 14살짜리 노비 출신의 그녀가 원수를 되새긴들 무슨 수로 복수를 한단 말인가. 더구나 상대는 황제도 무서워하는 황후 무측천이므로 이는 계란으로 바위를 치는 것보다도 무모하고 어리석은 일이었다.

어렸을 때부터 궁에서 자라 그 누구보다도 권력의 중요성을 잘 알고 있는 상관완아는 하늘같은 존재인 무측천이 자신에게 손을 내밀어준 자체만으로 고마웠을 지도 모른다. 물론 호랑이를 바로 곁에서 모신다는 것은 언제든지 모험이 따르겠지만 미천한 신분을 떨치고 성공하기 위해서는 그만한 각오는 당연히 했을 것이다.

무측천은 처음부터 상관완아에게 중임을 맡기지 않았다. 요즘 회사처럼 '신입교육'이 필요했던 것이다. 아무리 면접과 필기테스트를 통과했다 하더라도 곧바로 중요한 업무를 시킬 수는 없었다. 한동안은 그저 단순한 업무와 심부름을 하는 정도가 전부였다. 얼마나 충성할 수 있는지, 어떤 지혜와 순발력을 가지고 있는지에 대한 실전테스트 절차가 남아있었다. 드디어 그것을 시험할 기회가 찾아왔다. 바로 둘째 아들 이현李賢을 감시하는 일이었다.

당시 맏아들 이홍李弘이 갑자기 죽고 둘째인 이현李賢이 태자가 된지 얼마 되지 않은 시점이었다. 그는 단정한 용모는 물론 어려서부터 총명하고 책을 좋아하였으며 정사政事를 잘 처리하여 아버지 고종의 사랑을 받았다. 이는 실권자인 어머니 무측천과의 대립이 불가피한 상황이었다. 이현을 지지하는 대신들은 무측천에게 태자가 나랏일을 잘 돌보고 있으니 시름 놓고 지켜보아도 된다고 했는데, 그녀더러 그만 권력을 내려놓고 정치에서 손을 떼라는 뜻이었다. 야심이 많은 그녀가 그렇게 물러날 수는 없었다. 어느 순간부터 모자 사이에는 미묘한 기류가 흘렀다.

무측천은 상관완아를 이현의 개인과외 선생님인 시독侍讀으로 보내 가까이 지내게 하면서 그의 일거수일투족을 자신에게 보고할 것을 명했다. 영준하고 학식까지 갖춘 이현은 상관완아에게 이상형에 가까웠지만 권력 앞에서의 사랑은 무기력한데다 매우 위험하기까지 했다. 그녀의 감시와 보고로 무측천은 이현의 행보를 손금 보듯 알게 되었다.

궁내에 이현의 반대세력들이 형성되어 황태자의 지위가 조금씩 흔들릴 무렵, 명숭엄明崇儼이라는 도사가 무측천에게 이렇게 아뢰었다.

"태자의 관상은 큰일을 할 사람은 아닌 듯 하옵니다. 오히려 셋째 이현李顯이나 넷째 이단李旦이 폐하의 뒤를 이을 재목인 듯 싶습니다."

그 뒤 명숭엄은 이유 없이 살해되었다. 그러자 무측천은 그것이 이현의 소행이라 생각하고 사람을 시켜 태자의 궁을 수색하도록 하였다. 그 결과 수백 개의 갑옷이 발견되어 이현은 모반 혐의를 받게 되었다. 고종은 태자를 한번만 봐줄 것을 부탁했지만 무측천은 이미 이현을 폐위하기로 마음을 굳혔다.

무측천은 그동안 임무를 충실히 완수한 상관완아에게 태자를 폐위할 조서詔書의 초안을 써보라고 하였다. 상관완아는 마음이 복잡했다. 자신이 이현의 폐위에 어느 정도 공로가 있다는 것에 괴롭고 자책감이 들었다. 하지만 그 마음을 그 누구에게도 들켜서는 안 되었다. 아들한테도 이렇게 모진 어미인데 하물며 자신은 언제 목이 날아갈지 모를 일이었다. 무조건 충성하고 따르고 복종하는 길만이 살길이었다. 680년, 이현은 황태자에서 폐위되고 서인庶人으로 강등되었다. 그 뒤 681년 파주(巴州, 지금의 사천성四川省 파중巴中)로 유배되었다가 몇 년 뒤 자결하였다.

이현李顯은 당중종으로 복위된 후 파주에 있는 형 이현李賢의 영구를 모셔와 무덤을 만들어주었다. 그 후 당 예종 이단李旦은 이현李賢에게 '장회태자章懷太子'라는 시호를 지어 추증하였다. 장회태자 무덤 속 벽화

683년, 고종高宗이 죽자 그의 유언에 따라 셋째 아들인 이현李顯이 황제로 즉위하였는데 그가 바로 당나라 4대 황제인 중종中宗이다. 하지만 684년, 중종의 황후인 위씨韋氏가 아버지 위현정韋玄貞과 함께 정권을 장악하려 하자 무측천은 황제에 오른 지 겨우 한 달 남짓 되었던 중종을 폐위시키고 넷째 아들인 이단李旦을 5대 황제인 예종睿宗으로 등극시켰다.

그 뒤로도 대부분의 의사결정은 여전히 무측천이 하였고 그녀의 신임을 얻은 상관완아는 승승장구하기 시작했다.

690년, 무측천은 이단을 폐위하고 스스로 황제가 되어 국호를 당唐에서 주周로 바꿨다. 그녀는 이제 명실상부한 제국의 중심이 되었다. 상관완아는 이런 여황제의 대변인이자 개인비서로 조정의 문서 업무를 맡았다. 특히 황제의 명을 적은 조서는 그녀가 초안을 작성하고 반포하였다.

696년, 무측천이 고령의 나이로 건강이 악화되자 대부분의 업무를 상관완아에게 맡겼다. 정치제도의 제정, 조서의 작성 및 반포, 축사祝詞*, 관리의 임명 및 파면령은 모두 상관완아의 손을 거쳐야만 했다. 뿐만 아니라 대신들의 상소문도 그녀가 먼저 검열한 후 무측천에게 보고하였다. 황제에게 가장 총애 받는 심복으로 부상하면서 조정의 모든 대신들도 그녀 앞에서 굽실거릴 수밖에 없었다.

---

* 축사祝詞: 제사 의식을 행할 때 소리 내어 읽는 글.

지울 수 없는 상처

물론 위기도 있었다. 《신당서新唐書》에 의하면 그녀는 원래 죽을 죄를 지었지만 무측천이 그녀를 각별히 아끼는 이유로 경형黥刑으로 대체하였는데 이는 죄인의 이마에 먹물로 죄명을 새기는 형벌로 평생 지울 수 없었다.

현실성은 좀 떨어지지만 《북호록北戶錄》의 버전은 또 조금 다르다. 무측천이 재상들과 회의를 할 때마다 상관완아가 그 옆에서 기록을 하였는데, 한번은 그녀가 한 젊고 잘생긴 재상의 얼굴에 정신이 팔려 멍하니 있었다. 그것을 본 무측천은 회의가 끝난 후 크게 나무라며 손에 잡히는 대로 집어던졌다. 그런데 그것이 하필 아주 작은 칼이었는데 칼끝이 마침 그녀의 이마에 박혀버렸다. 상관완아가 칼을 뽑게 해달라는 내용의 시를 지어 바쳐서야 칼을 뺄 수 있었다고 한다.

고대 에로소설 《공학감비기控鶴監秘記》에서는 상관완아가 무측천의 애인 장창종과 사통하다가 들켜 무측천이 그녀의 이마에 칼을 꽂았는데 장창종이 무릎을 꿇고 사정해서야 겨우 목숨을 건졌다고 한다.

홍매장을 한 상관완아

여러 가지 설이 있지만 어찌 됐든 무측천이 내린 벌로 그녀의 얼굴에 상처가 난 것은 분명해 보인다. 그녀는 상처를 가리기 위해 이마에 빨간색으로 작은 매화를 덧그렸는데 이는 홍매장紅梅粧이라는 화장법으로 궁녀들 사이에서 유행하다가 후에 민간에서도 유행이 되었다. 그러나 상관완아에게는 멋이 아닌 평생 지울 수 없는 치욕과 상처였으며 이로 인해 무측천에 대한 증오심이 생겼을 수도 있다.

태평공주와 손을 잡다

세상에 두려울 것이 없는 무측천이라고 해도 피해갈수도, 물리칠 수도 없는 것이 단 한 가지가 있다면 그것은 생로병사이다. 하루가 다르게 늙어가는 그녀의 모습에 상관완아의 머리도 복잡하게 돌아 갔다. 그동안 권력을 누렸던 시간들도 이 노파의 죽음으로 인해 모든 것이 끝나버릴 수 있기 때문이었다. 그에 대비하여 또 다시 의지하고 기댈만한 큰 나무를 미리 찾아야만 했다.

신이 도왔던 것일까? 어느 날 마침 태평공주가 어머니인 무측천의 눈을 피해 그녀를 찾아와 조용한 곳으로 불렀다. 마치 자석에 끌리듯 이 둘은 몇 시간동안 하녀들을 다 내보내고 수다를 떨었다. 시집을 간 태평공주는 궁 밖에서 살았는데 이 일이 있은 뒤로부터 궁에 들어오는 횟수가 늘었다. 겉으로는 어머니의 병문안을 오는 척 했지만 나갈 때면 늘 상관완아를 따로 불렀다.

그리고 몇 개월 뒤인 신룡원년(705년), 드디어 일이 터졌다. 이현, 재상 장간지, 태평공주 등은 함께 정변을 일으키고 무측천의 애인들인 장씨 형제를 죽였다. 그리고 무측천을 핍박하여 황위를 아들 이현에게 돌려줄 것을 청했다. 더 이상 대항할 힘이 없는 무측천은 그리하는 수밖에 없었다. 그리하여 이현은 황제로 복위되고 국호는 다시 당(唐)으로 바뀌었다. 몇 개월 뒤 무측천은 영원히 눈을 감았다.

태평공주

태평공주는 무측천의 막내딸로서 태어날 때 '천하의 거의 모든 것을 가진 공주'로 불렸다.

그녀는 약 665년에 출생하여 고종와 무측천의 사랑을 독차지하였다. 6살 쯤 됐을 때 무측천의 생모 양씨가 죽자 외할머니의 명복을 빌러 도관에 들어가 도사가 되었다. 당시 도교는 당나라의 국교였는데 도교에 의하면 집안 어르신이 돌아갔을 때 가족 중 젊은 사람이 도사가 되면 저승에서 복을 누린다고 하였다. 일반 백성의 가정이라면 고민해 볼 여지라도 있었겠지만 당시 무측천은 황후였던지라 불가능했다. 그래도 딸로서 어머니의 명복을 빌고자 자신의 막내딸에게 태평이라는 도호道號를 지어 출가시켰다. 태평공주라는 이름은 이때 붙여진 것이다.

그렇다고 정말 도사가 된 것이 아니라 궁에 머물면서 특별한 행사가 있을 때만 참석하는 정도였다. 그녀가 17살 쯤 되었을 때, 장손황후의 손자이자 당고종의 누나 성양공주의 아들인 설소薛紹와 결혼했지만 얼마 뒤 모반죄로 장모인 무측천에 의해 감금되었다가 옥중에서 죽고 말았다. 그때 그와 태평공주 사이에 태어난 아기는 갓 한 달을 넘기고 아버지를 잃었다. 무측천은 딸을 위로하기 위해 1,200호의 식읍食邑*을 내렸다. 보통 공주의 식읍이 350호 정도 되는 것을 감안하면 엄청난 특혜를 준 것이다.

이후 무측천은 자신의 친정에서 두 번째 사위를 고르려 하였다. 조카 무승사武承嗣를 지목했지만 태평공주는 일부러 촌수가 멀고 정치에 깊이 관여되지 않은 무측천의 큰아버지의 손자인 무유기武攸暨를 택했다. 하지만 잘생기고 성실함까지 갖춘 그는 유부남이었다. 무측천은 무유기

---

* 식읍食邑: 국가에서 왕족, 공신 등에게 일정한 지역을 지급하여 그 조세를 받아쓰게 한 것.

가 집에 없을 때 사람을 보내 그 부인에게 자결을 명함으로써 딸의 두 번째 결혼을 성사시켰다.

무측천이 이 딸을 각별히 예뻐하는 또 다른 이유는 여러 면에서 자신을 쏙 빼닮았기 때문이다. 그녀는 성격이 다부지고 다소 독한 면이 있으며 결단력과 용기를 겸비하여 무측천의 마음에 들었다. 예를 들면 무측천 초기의 애인 풍소보(馮小寶, 나중에 설회의薛懷義로 개명)와 혹리 우두머리 내준신來俊臣을 제거한 것이다. 그 후 그녀는 어머니를 보좌하여 정치에 참여하기 시작하였다.

무측천 통치 말기에 그녀는 이씨 가문의 대표로 오빠인 이현을 도와 신룡정변을 일으켜 당唐왕조를 부활시키는 데 기여하였다. 중종 이현은 복위 후 그녀의 공을 높이 사 '진국태평공주鎭國太平公主'로 봉하고 5,000호의 식읍을 하사하였다. 또한, 개부開府*를 허락했는데 여자한테는 흔치 않은 예우로 이연을 도와 당나라 건립에 공을 세운 평양공주平陽公主외엔 없었다. 이는 어쩌면 태평공주가 정치에 참여해도 된다는 것을 묵인한 것일지도 모른다.

이후 위황후, 안락공주, 무삼사 등이 결탁하여 대권을 잡자 그녀는 막내 오빠인 이단李旦의 아들 이융기(후의 당현종)와 함께 정변을 일으켜 위황후 일당을 제거하고 이단을 예종睿宗으로 복위시켰다. 이때의 공으로 그녀는 1만호의 식읍食邑을 받았으며 그녀의 세 아들들도 모두 왕王으로 봉해졌다. 그리고 조정에 자신의 측근들을 앉혀 막강한 권세를 행사하였다.

하지만 어리고 만만하게만 봤던 조카 이융기의 정치적 야망을 뒤늦게야 알아채고 그제야 위기의식을 느꼈다. 갖은 방법으로 그가 태자가 되는 것을 막았지만 결국 모두 실패하고 말았다. 712년, 예종 이단은 황위를 태자에게 양위하고 태상황제가 되었다. 이융기는 당나라 6대 황제로 즉위하니 바로 현종玄宗이다. 이로써 그와 태평공주의 대립은 더욱 격화

---

* 개부開府: 집에 관아를 열어 나랏일을 처리하는 것.

되었다. 태평공주가 선제공격으로 현종을 폐위시키기 위한 정변을 일으키려 하지만 소문이 누설되었다. 현종은 동생들인 기왕岐王 이범李范, 설왕薛王 이업李業 , 환관 고역사高力士 등과 함께 모반에 가담한 무리들을 제거하였다. 태평공주는 도주한지 며칠 만에 다시 돌아와 이단에게 사면을 요청하였지만 현종은 그런 고모를 봐주지 않았다. 현종은 부하를 보내 그녀에게 자결을 명하니 713년 48세의 나이로 죽는다.

태평공주의 죽음으로 기세등등하던 당나라 시대의 여인천하는 막을 내리게 된다.

새로운 '주인'을 섬기다

정변을 일으켜 황위를 되찾은 경우, 선제의 최측근을 다시 중용하는 경우는 극히 드물다. 하지만 중종 이현은 상관완아를 불러들여 정2품의 소용昭容으로 봉하였다. 제일 높은 여관女官의 품계가 5품이었는데 이로써는 충분하지 않으니 소용의 높은 품계를 주어 형식상의 후궁으로 봉하였다. 당나라 재상이 3품인 것을 감안하면 최고의 대우라고 할 수 있다. 황후 밑으로 원래는 비妃, 빈嬪 순이어야 하지만 중종은 정실부인인 위황후 밑으로 비를 책봉하지 않아 바로 빈이었는데, 소용은 빈에 해당하는 품계였다. 즉 상관완아는 황후 다음으로 품계가 높은 후궁이다. 이는 그녀가 이현이 황제로 복위되는데 큰 공로를 세운 것에 대한 보상이었을 것이다. 무측천의 일거수일투족을 태평공주에게 보고하여 내부에서 도움을 줌으로써 밖에서 정변을 기획하는데 큰 역할을 했던 것 이었다.

중종도 무측천처럼 거의 모든 조정의 문서업무를 상관완아에게 맡겼다. 상관완아의 건의를 대부분 수용하였으며, 그녀가 궁밖에 사채를 지어 출퇴근이 가능하도록 하게 하였으니 상관완아는 무측천 때보다 더 많은 자유를 얻었다.

중종과 위황후는 그녀를 재상으로 대하였다. 또한, 역모죄에 연루되어 죽임을 당했던 할아버지 상관의를 초국공楚國公으로, 아버지 상관정지는 천수군공天水郡公으로 추증하였으며 어머니 정씨에게는 패국부인沛國夫人의 존호를 하사하였다. 그녀는 막강한 권력을 휘두르며 정치생활의 최전성기를 누렸다.

---

① 잠깐! 상관완아는 왜 여재상으로 불릴까?

《구당서舊唐書》에 따르면 조정의 문서는 보통 유학자 여러 명이 초안하였다. 당고조唐高祖 이연李淵, 당태종唐太宗 이세민李世民 때에는 온대아溫大雅, 위징魏征, 허경종許敬宗, 저수량褚遂良 등이, 당고종唐高宗 이치李治와 무측천 시기에는 허경종許敬宗, 상관의上官儀, 원만경元萬頃, 위승경韋承慶 등의 대신들이 문서업무를 맡았는데 이들에게는 특별히 북문 즉 현무문玄武門 출입이 허락되어 북문학사北門學士로 불렸다.

하지만 이에 반해 당중종 때에는 이 방대하고 중요한 업무를 상관완아 혼자서 담당하였다. 상소문 검토는 물론 조서의 초안과 어느 정도의 섭정도 하였다. 재상직에 정식으로 위임된 것은 아니나 위에 열거한 대신들과 견주어 볼 때 전혀 뒤지는 바가 없거나 오히려 더 출중하였으니 '건괵재상巾幗宰相' *이라 불린다.

---

* 건괵재상巾幗宰相: 건괵巾幗이란 원래 고대 여성들이 하던 두건과 머리장식을 일컫는 말이었으나 후에는 부녀자를 지칭하는 단어가 되었다. 즉 건괵재상은 여재상이란 뜻이다.

권력이 가져다주는 쾌락은 이뿐만이 아니다. 그녀는 무측천, 태평공주, 위황후 등 당시 '여인천하'의 주인공들 중 한 명답게 남총을 두기도 했다. 그중 가장 유명한 사람은 진사 출신의 최식崔湜과 무측천의 조카인 무삼사武三思였다.

최식은 상관완아보다 7살 연하로 잘생기고 재주가 많은 문인이었지만 간에 붙었다 쓸개에 붙었다하며 권력을 위해서라면 부인도 태자에게 바치는 자였다. 그녀는 궁밖에 있는 사채에 최식 외에도 여러 명의 남자들을 자주 불러들여 향락을 즐겼다.

뿐만 아니라 무삼사와도 사통하면서 위황후에게 그를 천거하였다. 그 후 중종은 장간지 등 대신들보다 무삼사를 불러 정치를 의논하는 일이 잦아졌다. 위왕후와 무삼사의 권력이 점점 커지자 태자 이중준李重俊의 입장이 불리했다. 이중준은 중종의 셋째 아들로 위황후의 소생이 아니다. 황태자가 되었어도 위황후의 견제를 받아 실권을 지니지 못하였다. 위황후는 친딸 안락공주安樂公主, 무삼사, 상관완아 등과 공모하여 이중준을 폐위시키고 안락공주를 역사상 최초의 황태녀*로 봉하려 하였다.

경룡원년인 707년 7월, 이중준은 좌우림대장군左羽林大將軍 이다조李多祚 등과 우림군羽林軍 삼백명을 동원하여 무삼사武三思와 무숭훈武崇訓 부자 등 무씨武氏 일당 수십 명을 죽였다. 다음 차례는 상관완아였다. 이를 일찌감치 눈치 챈 상관완아는 급히 당중종과 위황후가 있는 곳으로 도망쳐 아뢰었다.

"태자의 뜻을 보아하니 먼저 저를 죽이고 황후마마와 폐하를 살

---

* 황태녀: 황태자와 같은 의미로 황제의 후계자가 되는 공주.

해하고자 하는 것 같습니다."

위후와 당중종은 대노하는 한편 어쩔 바를 몰라 했다. 상관완아는 침착하게 다들 현무문玄武門 성루로 올라가서 일단 화를 피하고 지원군을 기다릴 것을 제안하였다. 이중준은 우림대장군 유경인의 병사들과 대치하다가 부하들을 이끌고 도주하였다. 이후 중종의 명을 받은 장군에게 추격을 당하다가 결국 살해되었다.

총명함도 비껴갈 수 없었던 최후

태자 이중준의 정변을 통해 상관완아는 한 가지 사실을 터득했다. 만에 하나 위황후의 세력이 약화될 경우를 대비해 미리 이씨 세력과도 다리를 걸쳐놓아야 훗날을 대비할 수 있겠다는 생각이 들었다. 그 뒤로 그녀는 태평공주를 자주 찾아갔다.

상관완아의 예견은 역시 맞았다. 710년, 당중종은 위황후와 안락공주에 의해 독살 당했다. 대권을 독단하고자 했던 위황후는 상관완아를 불러 중종의 유조를 자신에게 유리하게끔 초안하도록 하였다. 그것은 바로 중종 이현의 넷째 아들 이중무李重茂를 괴뢰황제로 앉히고 자신이 보정, 즉 수렴청정을 함으로써 제2의 무측천을 꿈꾸었던 것이었다.

하지만 상관완아는 위황후 몰래 태평공주를 찾았다. 그녀는 지금이 정신을 바짝 차려야 할 때임을 누구보다 잘 알고 있었다. 상관완아는 태평공주와 상의한 끝에 유조를 이렇게 작성했다.

"온왕溫王 이중무를 태자로 봉하되 위황후가 보정하도록 하며, 이단(李旦, 무측천의 넷째 아들)을 참모정사參謀政事로 한다."

그러나 이에 위황후는 만족해하지 않고 이단에 대한 부분을 지움으로써 자신이 조정의 모든 권력을 독단하려고 했다. 이는 이씨 종친 세력의 불만을 사게 되었다. 태평공주는 먼저 손을 쓰고 싶었지만 오빠인 이단은 이 문제에 대해 상대적으로 우유부단하였다. 그때 마침 그의 셋째 아들 임치왕臨淄王 이융기李隆基가 자신과 뜻이 맞았다. 이렇게 되어 고모와 조카는 같은 이씨라는 명목으로 훗날의 운명을 뒤로 한 채 일단 손을 잡았다.

710년 7월, 이융기는 태평공주의 아들 설숭간薛崇簡과 함께 우림군 장병을 이끌고 궁중에 들어가 위황후와 안락공주를 죽였다. 그날따라 궁 밖의 처소가 아닌 궁에 머문 상관완아는 요란한 비명소리를 듣고 오히려 침착했다. 그녀는 깨끗한 옷을 갈아입고 머리도 단정히 빗었다. 자신의 운명이 오늘 결정될 것을 알고 있었던 것이다.

예상대로 조금 뒤 수십 명의 병사를 이끈 이융기의 부하 유유구劉幽求가 찾아왔다. 그녀는 초를 들고 궁녀들과 함께 그를 맞이하였다. 다른 한 손에는 돌돌 만 하얀 종이를 들고 있었다. 유유구는 이 상황에도 당당하고 차분한 상관완아를 보자 함부로 대하지 못했다. 그녀는 손에 든 유조를 보여주며 이는 태평공주와 함께 작성한 것으로 자신은 이씨 종친의 편임을 강조했다.

유유구는 유조를 들고 이융기를 찾아가 그녀의 입장을 고려해 살려줄 것을 간청했다. 위황후 일당이라면 인정사정 볼 것 없이 처단했던 이융기였지만 이번만큼은 잠시 고민에 빠졌다. 그녀는 인재임에는 틀림없으니 살려두면 훗날 아버지와 자신에게 큰 도움이 될지도 모르기 때문이었다. 하지만 이내 생각을 바꿨다.

이유는 두 가지이다.

첫째, 그녀는 권력에 따라 움직이는 사람으로 정치적인 지조나 입장이 전혀 없는 사람이다. 자신이 섬긴 주인을 여러 번 배신했으며 앞으로도 언제든지 배신하고도 남을 것이다.

둘째, 이융기는 고모인 태평공주는 분명 같은 이씨지만 입장이 완전히 달랐다. 그는 아버지인 이단이 단지 참모정사로 되길 바란 것이 아니라 원래의 예종으로 복위하기를 바랐다. 그래야 자신이 황위를 물려받을 수 있기 때문이다. 그런 이유로 야심이 많은 태평공주가 어쩌면 나중에 자신이 권력을 잡는 데 있어 가장 큰 장애물이 될 것이라 판단했다. 즉 태평공주는 미래의 적이다. 그런 태평공주와 일찌감치 밀통했다는 것은 상관완아 역시 미래의 적이나 다름없으니 이참에 처단하는 것이 현명하지 않겠는가.

한참을 고민하던 이융기는 드디어 입을 열었다.

"죽여라."

장수들에게 잡혀 대기하고 있던 상관완아는 처형하라는 명이 전달되자 이미 예견한 듯 태연히 눈을 감았다. 날카로운 칼날의 압력에 47세의 삶이 잘려나갔다.

비보를 들을 태평공주는 크게 상심하며 사람을 시켜 장례를 치르도록 하는

원나라 임인발任仁發의 〈장과견명황도張果見明皇圖〉 속 이융기

등 지원을 아끼지 않았다. 예종으로 복위한 이단은 태평공주의 청원을 받아들여 상관완아의 소용昭容 신분을 회복시켜 주고 '혜문惠文'이라는 시호를 내렸다.

문단文壇의 리더로 우뚝 서다

상관완아는 정치가이기도 했지만 문학가로도 잘 알려져 있다. 수많은 주옥같은 작품 중 가장 유명한 시를 꼽으라면 뭐니 뭐니 해도 《채서원彩書怨》일 것이다.

葉下洞庭初,	동정호에 나뭇잎 떨어지는 순간,
思君萬里余.	만 리 너머에 있는 그대 생각나누나.
露濃香被冷,	이슬 짙어지니 향기로운 이불도 차가워지고,
月落錦屛虛.	달 지고나니 비단 병풍 잘 보이질 않네.
慇奏江南曲,	강남곡을 연주하는 것 보단,
貪封薊北書.	계북*의 그대에게 편지 보내고파라.
書中無別意,	편지에 별다른 내용은 없고,
惆悵久離居.	기나긴 이별 슬퍼할 뿐이라네.

이는 5언율시로 남편과 멀리 떨어져 지내는 한 여인의 그리운 감정을 표현하였다.

상관완아는 당중종 시기 중종을 도와 소문관昭文館을 재정비하

---

* 계북薊北: 오늘의 천진시 북쪽에 위치한 지역

고 지식인들을 대거 모집하였다. 학식 있고 재능 있는 선비들이 앞다투어 시로 자웅을 겨루었는데 이는 당나라 문단이 번성하는 긍정적인 국면을 낳았다.

한번은 당중종과 위황후가 대신들을 거느리고 장안성 교외에 있는 곤명지昆明池에 놀러갔다. 곤명지는 한무제가 수군水軍을 훈련시키기 위해 판 못으로 후에 유명 관광지가 되었다. 중종은 대신들에게 즉흥적으로 시를 짓게 하고 1등한 자에게는 상을 내린다고 하였다.

상관완아가 심사위원으로 누각위로 올라가 밑에서 올려 보내는 시를 읽고 마음에 들지 않으면 아래로 던져버렸다. 한 장 한 장 밑으로 떨어질 때마다 소위 당시 최고의 지식인들이라는 사람들이 우르르 몰려들어 행여 자기의 것이 아닌지 조마조마해 하며 확인했다. 자신의 것이면 슬그머니 종이를 주워서 소매에 감추고는 조용히 뒤로 빠졌다. 마지막에 그녀의 손에는 두 편의 시가 남았다. 한 명은 심전기沈佺期, 다른 한 명은 송지문宋之問의 것이었는데 두 명 모두 문단을 주름잡는 대시인들이었다.

한참을 골똘히 생각하던 상관완아는 결국 심전기가 쓴 시를 밑으로 떨어뜨리며 입을 열었다.

"두 시 모두 우열을 가리기 힘들 정도로 훌륭하지만 마지막 구절에서 승패가 갈린 것 같네요."

좌중은 숨죽인 채 그녀의 심사기준을 들었다.

"심전기가 쓴 마지막 시구는 '늙은 이 나무로 이제 조각하기 힘들어 다른 인재들 보니 부끄럽구나.'인 반면에 송지문의 것은 '명월이 지는 것을 두려워 할 필요 없지. 밤을 비추는 명주가 또 있지 않은가.'인데 전자는 기백이 아래로 떨어지는 느낌이고 후자는 기세가 위로 올라가는 듯 하여 힘이 넘치네요."

"오늘의 승자는 송지문입니다."

그녀의 말에 중종과 위황후 그리고 대신들은 물론 심전기 본인마저도 수긍하였고 현장에 있던 모든 사람들은 상관완아의 재능에 크게 탄복하였다.

오죽했으면 그녀를 죽인 당현종 이융기마저도 그녀가 남긴 시를 정리하여 20권의 문집文集으로 편찬하였을까? 하지만 대부분 유실되어 현존하는 상관완아의 시는 《전당시全唐詩》에 수록된 32여 편이 전부이다.

엇갈린 평가

《구당서舊唐書》,《신당서新唐書》등 정사에 기록된 상관완아의 평가는 그녀가 권세에 따라 움직이고 음탕하며 정치에 간섭하여 궁중 법도를 어지럽혔다는 등 대체적으로 부정적이다. 그러나 장설張說, 송지문宋之問, 여온呂溫 등 당나라 문인들이 그녀에 대해 내린 평가는 매우 높다. 어떤 것이 정확한 평가라고 할 수 있을지 모르나 개인적인 생각으로는 그녀에게 동정표를 주고 싶다. 그녀의 일생은 정치의 소용돌이 중심에서 시작되고 끝났다고 해도 과언이 아니다. 할아버지의 정치생활의 실패가 고스란히 그녀에게로 불똥이 튀겨 그로 인해 양반 집 규수로 자랐을 평온한 생활이 산산조각이 나고 말았다.

그녀를 권력에 따라 움직이는 간사한 인물이라고 말하지만 그것이 그녀가 생존할 수 있는 유일한 길이었을지도 모른다. 권력은 그녀가 노비에서 모두가 우러러보는 황제의 개인비서가 될 수 있도록 해줬으며, 상관가문을 다시 일으키게 만들었다. 하지만 결국 권력이라는 칼에 의해 죽임을 당했다.

상관완아는 무측천, 태평공주, 위황후, 안락공주 등처럼 자기의 세력이 따로 있거나 태생적으로 권력을 가지고 태어나는 공주도 아니다. 그녀는 오로지 누군가에게 기대어야만 자신을 보호하고 살아남을 수 있었다.

그녀는 진정한 사랑도, 제대로 된 결혼도 하지 못했고 자식도 없다. 몇 명의 애인을 두긴 했지만 그것 역시 권력을 위한 일시적인 결합이었을 뿐이었다.

상관완아의 생애는 다채로운 동시에 비극적이라 할 수 있다. 그런 그녀의 일대기는 당나라 역사를 더욱 풍부하고 흥미진진하게 엮었다. 상관완아라는 인물이 없는 당나라 역사는 완전하다고 할 수 없다. 누가 뭐래도 그녀는 한 시대를 풍미했던 최고의 인재이며 당나라 여성 정치가를 대표하는 인물임이 분명하다.

그리고 1300여 년 후……

2013년 9월 섬서陝西 함양咸陽 공항근처에서 한 고급스러운 옛무덤이 발견되었다. 무덤에는 5개의 천장이 있었는데 이는 당나라 무덤의 대표적 특징으로 지위에 따라 그 개수가 다르다. 황제가 보통 7개인 것을 감안하면 무덤 주인의 지위는 꽤 높았다는 것을 짐작할 수 있다. 화려한 겉모습과는 달리 내부는 텅텅 비어있었고 높은 신분이면 당연히 있어야 할 관곽棺槨*과 벽화조차 보이지 않았다. 다행히 묘지명墓誌銘**에 새겨진 '대당고소용상관씨명大唐故昭容上官氏銘'라는 9글자로 무덤 주인을 쉽게 단정 지을 수 있었다. 당나라에 품계가 소용이면서 상관씨인 사람은 상관완아 한 명뿐이기 때문이다.

역사서에만 의존하여 그녀를 연구했던 학자들은 이 무덤의 발견으로 그동안 풀지 못했던 수많은 의혹에 대한 답을 찾을 수 있다는 기대감에 흥분했지만 묘지명에 새겨진 글들로 인해 오히려 더 오리무중에 빠져 버렸다.

총 982자로 새겨진 묘지명에는 그녀의 전체 생애에 대한 기술이 있었다. 전반 부분은 상관씨에 대한 유래와 가족 상황으로 이는 사서에 기록된 것과 별반 다를 바 없었다. 하지만 문제는 후반부의 내용이 사서에 기록된 것과 많이 달라 더욱 큰 궁금증을 낳았다.

의혹1. 사서에 기록된 출생지는 섬주 섬현(陝州陝縣, 오늘 하남성 삼문협 河南省 三門峽)이지만 묘지명에는 오늘의 감숙甘肅성 천수天水 일대로 밝혀졌다.

의혹2. 13~14세에 무측천에게 발탁된 것과는 달리 13세에 당고종의 후궁인 재인으로 입궁하여 42세에 당중종의 후궁인 소용에 책봉되면서 2대에 걸친 후궁으로 기록되었다.

의혹3. 묘지명에 따르면 그녀는 위황후의 딸 안락공주가 황태녀가 되는 것을 반대하여 중종에게 4차례나 간언하였지만 청을 들어

---

* 관곽棺槨: 시체를 넣는 속 널과 겉 널을 아울러 이르는 말.
** 묘지명墓誌銘: 죽은 이의 기본정보와 공로를 기록한 글

주지 않자 비구니가 되고 마지막엔 독약을 마셔 죽음으로 막으려 했다고 하였다. 인재를 아끼는 중종이 결국 명의를 청해 그녀를 살리고 안락공주도 황태녀의 꿈을 접어야 했다고 새겨져 있다. 이는 그녀가 위황후 일당인 것으로 알려진 기록을 뒤엎는 내용이다.

의혹4. 무덤은 텅 비어있고 크게 파괴되었는데 누구의 소행이냐는 것이다. 옛무덤이 파괴되고 배장품이 도둑맞는 것은 흔한 일이나 시체까지 훔치는 경우는 드물다.

이에 대해 많은 학자들은 이융기를 용의자로 지목했다. 왜냐하면 태평공주가 죽고 이융기가 그녀의 남편 무유기武攸暨의 무덤을 파괴한 것은 역사에 기록이 있기 때문이다. 어쩌면 무유기의 무덤을 파괴하고 태평공주와 한편이었던 상관완아에 대해서도 응징하지 않았을까 싶다. 상관완아가 죽은 뒤 태평공주가 사람을 시켜 그녀의 시체를 묻었을 가능성이 크다. 하지만 무덤을 파괴할 정도로 고인에 대한 증오심이 있다면 왜 그녀의 전반적인 생애 그리고 공로를 적은 묘지명은 그대로 두었을까? 더군다나 지금 봐도 상태가 너무나 깨끗할 정도로 말이다.

죽어서도 눈을 편히 감지 못했을 그녀가 안쓰럽고 가엾게 느껴진다. 언젠가 또 다른 발견들로 감춰진 비밀들이 하나하나 풀려 오랜 세월 떠돌아 다녔을 그녀의 혼에 위로가 됐으면 하는 마음이다.

상관완아 무덤 속 묘지명

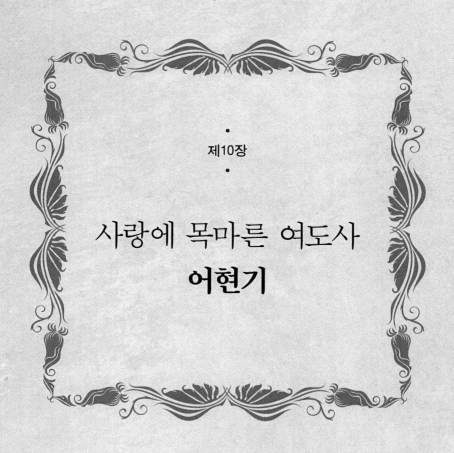

제10장

사랑에 목마른 여도사
어현기

청나라 개기改琦의 〈원기시의도元機詩意圖〉 속 어현기. 청나라 제4대 황제 강희제康熙帝의 이름이 현엽玄燁이기 때문에 현玄자를 피휘避諱하기 위하여 이 시기 어현기魚玄機를 어원기魚元機라고 하였다.

장안에서 조금 떨어진 어느 한적한 도교 사원, 갑자기 "악ー" 하는 비명소리가 고요한 밤의 적막을 깨뜨렸다.

"저 정말 안 그랬어요."

앳되어 보이는 한 시녀가 비명을 지르며 흐느꼈다.

"네 년이 감히 날 배신해? 오늘 어디 한번 죽도록 맞아봐."

한 젊은 여인이 채찍을 들고 휙휙 쉼 없이 시녀를 향해 후려갈겼다. 그녀는 여도사 차림을 하고 있었지만 어딘가 요염함이 묻어있었다. 어느새 시녀의 얼굴과 온 몸에는 채찍 자국이 벌겋게 달아올랐지만 매는 멈추지 않았다.

"정말 억울해요. 흑흑."

잘못을 인정하지 않는다는 것이 더욱 그녀의 화를 돋우었다. 분노가 정수리까지 차올라 미친 듯이 매질하다가 순간 이성을 잃은 맹수마냥 시녀에게 달려들어 목을 졸랐다. 몇 분쯤 지났을까, 발버둥 치던 손발은 더 이상 움직이지 않다가 바닥으로 축 늘어졌다. 여도사는 그제야 분이 풀렸는지 손을 놓았다. 가쁜 숨소리는 어느덧 차츰차츰 고르게 변하고 그녀는 자신의 두 손과 시녀를 번갈아 보았다. 그리고는 천천히 시녀의 코에 손을 가져다 댔다. 그제야 번쩍 정신이 들어 혼비백산해 주저앉았다.

그녀는 초점을 잃은 시선으로 한 곳을 멍하니 응시하다가 헛웃음을 지었다.

"이제 모든 것이 끝났구나."

며칠 뒤, 이 여인은 관아에 끌려가 26세의 젊은 나이로 사형에 처해졌다.

풍부한 감수성과 학식으로 당대 문인들을 놀라게 했던 소녀는 어찌하다 남편에게 버림받은 방탕한 여도사가 되고 결국 비극을 맞은 것일까?

그녀는 과연 누구인가?

이름: 어현기魚玄機

출생-사망: 약 844년~약 871년

출신지: 장안(長安, 지금의 섬서성陝西省 서안西安)

직업: 도사, 시인

스승을 사랑한 제자

어현기, 자 유미(幼微, 본명이라는 설도 있음) 또는 혜란惠蘭으로 당나라 수도 장안에서 태어났다. 그녀의 아버지는 지식인이었으나 과거 급제의 뜻을 이루지 못했다. 그러자 슬하에 하나뿐인 딸에게 학문을 가르치는 것을 낙으로 삼았다.

어현기는 이미 다섯 살에 수백편이나 되는 유명한 시를 좔좔 읊을 수 있었고 일곱 살에 시를 짓기 시작하였다. 행복한 유년기는 어느 날 갑자기 아버지가 병으로 세상을 떠나는 것과 함께 끝나고 말았다. 그녀는 어머니와 장안거리의 한 기방에서 빨래하는 일로 생계를 유지해갔다. 그런 생활 속에서도 어현기는 열심히 독서를 하며 시를 지었는데, 열 살을 약간 넘겼을 때 장안의 문인들 사이에서 '시동詩童'이라 불릴 정도로 유명세를 탔다.

> ### ⓘ 잠깐! 당나라의 기방妓房
>
> 당나라의 기방妓房은 매춘을 목적으로 하는 음탕한 장소가 아니었고 기생들 역시 생각처럼 그렇게 천박한 여성들이 아니었다. 그들은 미모와 가무는 물론 학식까지 겸비하였으며 찾는 손님들도 평균 이상의 학식과 지성을 갖춘 문인들 혹은 귀족집안 자제들이었다. 이백李白, 백거이白居易, 원진元稹, 소동파蘇東坡, 두목杜牧 등등 당나라 내놓으라 하는 시인들 대부분이 기방의 '단골손님'들이었다. 그들에게 있어서 기방은 술을 마시며 즐기는 곳이거니와 영감을 주는 곳이기도 했으며 인맥을 넓히기 위한 사교의 자리이기도 했다. 또한, 각계각층의 사람들을 많이 접하는 기생들에게 자신들의 시를 전수함으로써 사회적으로 유행시키려는 목적도 있었다.

어현기가 10살이 되던 해의 어느 날 운명의 남자를 만나게 된다. 그는 시인으로 유명한 온정균溫庭筠이었다. 몰락한 귀족의 가문에서 태어난 온정균은 어렸을 때부터 학문에서 뛰어난 성취를 보인데다 사詞*의 창작에도 천재적인 소질이 있었다. 몇 년 전 중국 최고 시청률을 기록한 사극《후궁견환전後宮甄嬛傳》의 삽입곡인〈보살만·소산중첩금명멸菩薩蛮·小山重疊金明滅〉도 그가 작사한 작품이다.

온정균

그런 온정균이 기방을 드나들던 중 어현기의 명성을 듣게 되었다. 궁금하여 찾아가보니 어이없게도 여자아이가 아닌가? 기가 막혔지만 앳된 얼굴에는 호기심이 가득하고 눈에는 총기가 흘러넘쳤다. 그는 자기가 찾아오게 된 이유를 말하고 즉흥적으로 시 한 수를 요청했다. 떠도는 명성이 과연 진실인지 직접 시험해보고 싶었던 것이다. 제목을 뭐로 할까 고민하다가 오는 길에 버들개지가 흩날렸던 장면이 떠올라《강변류江邊柳》라는 시제를 주면서 한번 지어보라고 하였다. 어현기는 잠시 골똘히 생각하더니 침착하게 써 내려갔다.

---

* 사詞: 시에서 변형된 문학의 한 장르로 남조南朝시기의 양(梁 502~557)나라에서 생겨나 당나라 때 발전하였으며 송나라에 이르러 절정에 이르렀다. 하여 송사宋詞라고도 한다. 음률을 결합해 노래를 부를 수 있는 악부시 형태로 처음엔 곡사曲詞라 했으며 오늘날 노래가사의 모태이다.

翠色連荒岸, 煙姿入遠樓.

황량한 강기슭에 비췻빛 녹음이 이어지고,

멀리 보이는 누각에는 안개가 누대까지 스며드네.

影鋪春水面, 花落釣人頭.

버드나무 그림자는 강물 위에 드리워지고,

낚시꾼 머리 위로 버들개지 떨어지네.

根老藏魚窟, 枝底繫客舟.

오래된 뿌리는 물고기의 보금자리 되고,

가지 끝에는 나그네의 배가 매어있네.

蕭蕭風雨夜, 驚夢復添愁.

저녁 비바람에 사각사각 흔들리는 소리,

꿈에 놀라 깨니 다시 근심이 쌓이네.

온정균은 어린 소녀가 쓴 것이라고 믿어지지 않는 시에 탄복할 수밖에 없었다. 그 후 그는 자주 찾아가 가르침을 주었다. 어현기는 평소에는 아버지처럼 자상하지만 지식을 가르칠 때 만큼은 엄격했던 스승 온정균이 어느 순간부터인가 남자로 보이기 시작했다.

그녀의 마음을 알아차린 온정균은 당황했다. 본인의 감정이야 어찌했든 30세 이상이나 차이가 나는데다 제자와 정을 통한다는 것은 도의적으로도 받아들이기 어려웠다. 부담을 느낀 그는 얼마 뒤 장안을 떠났다.

어현기는 《멀리 있는 온선생에게(遙寄飛卿)》라는 시를 써 그가 떠난 뒤 느낀 공허한 마음과 그리운 감정을 표현하였다.

첩이 되다

몇 년 뒤인 858년, 온정균은 장안으로 다시 돌아왔다. 어느 날 경치 좋은 숭진관崇眞觀 남쪽 누각에서 산책을 즐기던 두 사람은 많은 사람들이 몰려 있는 것을 보고 다가가 보았다. 그것은 새로 진사에 급제한 자들의 명단을 포고하는 방榜이었다. 합격자들은 기쁨에 들떠 환호했지만 낙방한 사람들을 쓰디쓴 표정으로 뒤돌아 가버렸다. 멀찌감치 떨어진데서 부러운 눈빛으로 바라보던 그녀는 조용히 벽에 다음과 같은 시를 남겼다.

雲峰滿月放春晴,	합격자 이름은 구름위의 보름달처럼 화창한 봄날 환히 비추고,
歷歷銀鉤指下生.	역력히 힘찬 글씨는 아래의 급제생들 가리키네.
自恨羅衣掩詩句,	나의*속에 시구 감추는 자신이 한스러워,
擧頭空羨榜中名.	고개 들어 하염없이 바라보며 부러워하노라.

포부와 재능은 있어도 여자의 신분으로 과거에 응시조차 못하는 현실을 한탄하며 남권사회에 대한 부러움을 표현하였다.

그러던 중 장안의 명문 후예인 이억李億이라는 사람이 어현기가 남긴 이 시를 보고 감탄하였다. 마침 이억과 면식이 있던 온정균은 그의 부탁을 받고 흔쾌히 둘을 소개시켜주었다. 이억은 온정균의 소개로 미모와 재능이 출중한 어현기를 첩으로 맞아들이는데, 그때 그녀의 나이가 열네 살이었다.

---

* 나의羅衣: 얇은 비단 옷으로 주로 여자들이 입음.

방탕한 여도사

그러나 얼마 못가서 어현기는 쫓겨나고 말았다. 정실부인이 그녀를 도저히 용납할 수 없었던 것이다. 나이가 어려 살림도 못하는데다가 허구한 날 책만 읽고 시를 읊어대니 어쩌면 당연한 결과일 수도 있다.

이억은 미안한 마음에 장안 외곽에 위치한 조용한 도관道觀을 수소문하여 그녀를 들여보냈다. 달리 갈 곳이 없었던 어현기는 선택의 여지가 없었다. 그녀는 마음에도 없던 사람의 첩이 된데 이어 또다시 마음에도 없는 도사道士가 되어야만 했다. 현기라는 이름은 바로 이때 붙여진 그녀의 법호였던 것이다.

처음에는 그래도 이억이 가끔씩 찾아주어 외로움을 달랠 수 있었지만 부인의 감시가 두려웠던 그는 찾는 횟수를 점차 줄이더니 끝내는 발길을 끊고 말았다.

이번에도 어현기가 할 수 있는 것은 시로 풀어내는 것 밖에 없었다. 마음에 상처를 입은 그녀는 후세에 널리 알려진 《증린녀贈隣女》라는 시에 절망적인 심경과 사랑을 애타게 갈구하는 감정을 담았다.

羞日遮羅袖,　해님 보기 부끄러워 소매로 얼굴을 가리고,
愁春懶起妝.　우울한 봄날 일어나 화장하기도 귀찮아라.
易求無價寶,　값비싼 보석은 얻기 쉬워도,
難得有情郞.　사랑하는 낭군 마음은 얻기 어렵구나.
枕上潛垂淚,　베갯머리에서 홀로 눈물 흘리고,
花間暗斷腸.　꽃 숲에서 남몰래 가슴 아파하였지.

自能窺宋玉, 송옥*처럼 멋진 남자 만날 수 있을 터인데,

何必恨王昌. 떠나버린 왕창** 같은 남자 원망해서 무엇하리.

옛 시대의 대부분 여류 시인들은 전통사상의 영향으로 감정을 묘사할 때 함축적이고 은유적으로 표현하는 것과는 달리 어현기는 오지 않는 님에 대한 그리움과 사랑을 직설적으로 표현하였다. 당나라의 개방적인 분위기를 짐작케 한다.

당시의 도관은 관광지와 사교의 장소로도 활용되었다. 그녀에게 도관이란 어쩔 수 없는 선택이었으며 인생의 막다른 길에서 현세의 고통으로부터 벗어나기 위한 도피처였다.

도관의 여도사들 대부분이 시작詩作을 좋아하고 찾아오는 손님들과 시를 주고받는 것을 즐겼는데 어현기가 바로 그 대표적인 인물이다. 그녀는 예전의 정조와 조신함을 버리고 방탕해지기 시작했다. 당시의 문인들이 분분히 도관을 찾아 차를 마시고 시를 지으며 그녀와 교류하였는데, 그 중에 마음에 드는 자가 있으면 밤을 묵어가게 하였다. 이런 삶은 보기에는 여유롭고 편안한 생활인 것 같지만 사실 불행했던 자신의 혼인생활과 불평등한 사회에 대한 반항의 표현이었다.

---

* 송옥: 전국시대 초나라 시인으로 고대4대 미남 중 한 명으로 꼽힌다. 학식이 있는데다 얼굴이 잘 생겨 이웃집 여인이 삼년이나 그를 담너머로 훔쳐봤다고 한다.
** 왕창: 위진魏晉시기 미남으로 널리 알려진 사람. 이 시에서 이억李億을 왕창에 비유하였다.

도관 도사가 된 어현기

질투가 부른 파멸

삶에 염증을 느끼고 세속의 속박을 벗어나려 애쓰는 노력이 어현기의 심리에 변화를 일으켰다. 그것은 바로 문제를 사고하고 처리함에 있어서 극단적으로 변한 것이다.

어느 날 어현기는 다른 사원의 초대를 받고 외출을 하게 되었다. 나가기 전에 시녀인 녹교에게 찾아오는 손님이 있거든 자신의 행선지에 대해 말해주라고 한 후 길을 떠났다. 그녀가 밤늦게 돌아오자 녹교는 '그분'이 와서 기다리다가 금방 자리를 떴다고 말했다. '그분'이란 다름 아닌 어현기의 애인이었던 것이다. 다른 때 같으면 자신이 외출을 하더라도 늘 기다려주었는데 왜 오늘은 그냥 돌아갔을까 하며 녹교를 본 순간, 뭔가 심상치 않음을 느꼈다. 그녀의 머리와 옷차림은 약간 흐트러지고 얼굴도 발그스레 상기되어 있었던 것이다.

어현기는 자신의 직감을 믿고 그녀에게 달려들어 강제로 옷을 벗졌다. 아니나 다를까 그녀의 가슴에는 손톱자국이 나 있었다. 이성을 잃은 어현기는 채찍으로 그녀를 마구 후려갈겼다. 그래도 억울하다며 실토하지 않자 홧김에 녹교의 목을 졸랐다. 조금 지나 정신이 번쩍 든 그녀는 겁에 질린 나머지 시체를 사원의 한 모퉁이에 파묻었지만 완전범죄를 꿈꾸기에 너무나 어설프고 경황이 없었다.

며칠 뒤, 그녀는 가녀린 목에 목패木牌를 걸고 처형장에 나타났다. 심한 고초를 당한데다 제대로 먹지 못한 듯하여 야위었지만 부스스한 머리카락 사이로 드러난 미모는 여전했다. 26세, 사랑의 목마름이 부른 질투로 인해 그녀의 생은 그렇게 허무하게 끝나 버렸다.

못다 핀 꽃

어현기의 일대기는 당나라의 황보매皇甫枚가 저술한 《삼수소독三水小牘》과 송나라 손광헌孫光憲이 지은 《북몽쇄언北夢瑣言》, 원나라의 신문방辛文房의 《당재자전唐才子傳》 등에 실려 있다. 이외에도 북송北宋 시대에 편찬된 중국 역대 설화집 《태평광기太平廣記》 등에도 짤막하게 언급되었다.

어현기의 작품 가운데 현재까지 전해 내려오고 있는 시는 대략 50편이며 작품집으로 《당여랑어현기시唐女郎魚玄機詩》가 있다. 언뜻 보면 그리 많아 보이지 않을 수 있겠지만 그녀의 생애가 불과 26년에 지나지 않았다는 것을 생각해보자. 게다가 가족이 없는 상태에서 사형을 당하는 바람에 작품이 제대로 정리되지 못했을 점 등을 감안하면 대단하지 않을 수 없다. 천재적인 자질에서 샘솟듯 우러난 시상詩想을 자유분방하게 표현한 기교와 섬세한 필치에 감탄이 절로 터진다.

사랑하는 사람에 대한 내용이 유독 많은 것으로 보아 정이 많은 여자임에 틀림이 없다. 사랑을 이루지 못한 외롭고 허전함 감정을 섬세한 필치로 시에 담거나 반항적인 행동으로 표현하였다.

어현기에 대해 아쉬운 대목은 아무래도 원숙한 인생을 경험하지 못했다는 점이다. 인생도 자연처럼 사계四季가 있기 마련인데 어현기의 삶은 미처 여름이 가기도 전에 사그라졌다. 누구보다 사랑에 목말라 있었던 그녀가 제대로 된 사랑을 경험하지 못한 채 그렇게 빨리 가버린 것이 너무나도 안타까울 따름이다.

제11장

천하제일 명기名妓
이사사

이사사

용광로처럼 뜨거운 한 쌍의 연인의 밤은 우물보다 깊었다. 만나지 못했을 때는 멈춰버린 것 같았던 시간이 왜 이렇게 빨리 지나는지 알 수 없었다. 이 관계가 '누군가'의 귀에 들어가면 살아남기 어렵다는 걸 잘 알고 있으면서도 서로의 매력에서 헤어날 수 없었다.

절정에 이르려던 순간, 문밖에서 다급한 목소리가 들려왔다. 엉켜 있던 두 사람은 서로 불에 닿은 듯 황급히 떨어졌다. 하나밖에 없는 문으로 도망가기엔 이미 너무 늦었다. 여인은 깊게 생각할 겨를도 없이 옷을 주섬주섬 입으며 침대를 가리켰다. 남자가 몸을 숨기자 여인은 널려있던 그의 옷을 재빠르게 주어 침대 밑에 밀어넣었다. 그리고는 머리와 옷매무새를 가다듬어 손님을 맞이할 준비를 했다.

이윽고 방문이 열렸다. 들어온 사람은 다름 아닌 천하에서 가장 지위가 높은 남자였다. 여인은 쓰러질 듯 달려가 그의 품에 안겼다.

황제의 사랑을 한 몸에 받은 여인, 그녀는 당시 가장 잘나가는 기생이었다. 기생과 최고 통치자의 만남은 어떻게 이루어졌으며 그 최후는 어떠했을까?

그녀는 과연 누구인가?

이름: 이사사李師師

출생-사망: 약 1062년~미상 혹은 약 1090년~미상

출신지: 변경(汴京, 지금의 하남성河南省 개봉시开封市)

직업: 기생

비범한 출생

그녀의 이름은 이사사李師師, 원래 성은 왕王씨로 태어난 지 얼마 안 되어 어머니를 여의었고 아버지는 수도 변경에서 작은 장사를 하며 생계를 유지했다. 그런데 아기였던 그녀는 울지 않고 늘 생글생글 웃기만 했다. 이를 이상하게 여긴 그녀의 아버지는 3살이 되던 해 딸을 데리고 절을 찾았다. 당시 아이를 불교에 의탁하면 탈 없이 건강하게 잘 자란다는 현지의 풍습이 있어 형식상의 의식을 하려 했던 것이다. 노승이 그녀의 머리를 밀려고 하는 순간 그녀는 갑자기 울음을 터뜨렸다. 그 소리는 청아하고 맑게 울려 퍼졌다. 노승은 "이 아이가 부처님과 인연이 있나보군."이라고 하면서 스님을 뜻하기

도 하는 사師의 중복음절인 사사師師라는 이름을 지어주었다.

불행하게도 사사가 4살이 되던 해 아버지가 법을 어겨 잡혀갔다
가 옥중에서 죽었다. 갈 곳 없는 사사를 본 기생집 마담 이씨는 그
녀를 데려다 가무와 글을 가르치고 자기의 성씨인 이씨를 따르게
하였다.

어느덧 세월이 흘러 이사사는 미모가 출중해지고 시와 가무에 능
한 명기가 되었다. 매일 그녀를 보려는 왕자, 왕손, 관리, 문인들이
기방으로 몰려들었다. 암울한 유년기를 보내서일까, 아리따운 그녀
의 얼굴에는 늘 잔잔한 슬픔이 묻어 있었다. 입에서 나오는 애절한
시와 노래는 그녀를 차가운 여인으로 비추기도 하지만 그것이 오히
려 그녀만의 매력이 되었다.

ⓘ 잠깐! 이사사 출생연도에 관한 미스터리

그녀가 언제 출생하였는지에 관한 정확한 기록이 없다. 그녀와 만났던
유명 인사들의 출생과 사망년도로 대략 1062년 전후나 1090년 전후로
추측하고 있다. 그녀의 '주변인물' 들로는 사인詞人 장선(張先 990~1078),
진관(秦觀 1049~1100), 주방언(周邦彦, 1056~1121) 및 송휘종(宋徽宗,
1082~1135) 등이다.

장선은 당시 유명 사인詞人으로 기생들에게 사詞를 지어주어 그녀들
이 손님을 맞을 때 부르도록 하였는데 이사사에게도 《사사령師師令》이
라는 사를 지어주었다. 즉 그가 죽은 1078년 전에 이미 이사사라는 인
물이 존재했다는 것이다.

그러나 《이사사외전李師師外傳》에 의하면 송휘종이 이사사를 1109년
8월에 만났다고 나오는데 만약 이사사가 1062년에 태어났다고 가정하

면, 송휘종보다 20살 연상으로 이미 40대 후반이다. 그녀가 1090년에 출생했다면 가능하나 이 경우에는 또 장선 등과의 만남이 불가능해 보인다.

황제가 사랑한 기생

당시 송나라 황제였던 휘종 조길趙佶도 '천하제일 명기'의 소문을 듣고 직접 만나고 싶었다. 휘종은 정치보다는 예술에 더욱 관심이 많은 황제였으며 뛰어난 문인이자 화가였다. 특히 풍류를 즐기던 휘종은 이사사를 만나고 싶어 견딜 수 없었지만, 황제의 신분으로 기방에 출입한다는 것은 바람직하지 못했다. 이때 심복들인 고구高俅와 왕보王黼가 그런 황제의 마음을 읽고 절대 비밀을 지킬 것을 약속하며 부추겼다.

---

① 잠깐! '풍류천자' 송휘종은 누구?

송휘종

송휘종 조길趙佶은 북송北宋의 제8대황제이다. 즉위 후 그는 도교에 빠져 스스로 교주도군황제教主道君皇帝라 부르며 도사들에게 봉록도 주도록 하였다. 또한 사치스러운 생활을 하며 사처에 궁전을 짓고 국고를 낭비하였으며 채경蔡京, 고구, 왕보, 주면朱勔 등의 간신을 중용하고 그들에게 정치를 맡겨 나라를 더욱 어지럽게 만들었다.

1115년, 여진족의 추장 완안아구다는 금나라를 건립하고 송나라를 자주 공격하였는데 송나라는 이때 이미 쇠퇴의 길을 가고 있었으니 강력한 금나라를 당해내기엔 역부족이었다. 1125년, 송휘종은 맏아들 조환趙桓에게 황위를 물려주니 그가 바로 송흠종宋欽宗이다. 1126년 금군의 재침입으로 수도 변경이 함락되고 흠종과 함께 포로가 되어 북송은 멸망한다. 그들은 금나라의 오국성(五國城, 오늘의 흑룡강성 의란현)에 10년 동안 억류되었다가 갖은 치욕과 고생 끝에 사망하였다.

그가 봉한 후궁 및 여관女官은 140명이 넘고 봉호가 없는 궁녀는 500명이 넘었으며 아들 38명, 딸 34명을 두었다.

그는 훌륭한 황제는 아니었지만 뛰어난 예술가였다. 문예보호와 육성에 열성적이었고 본인 또한 감성이 풍부하여 시, 서, 화에 뛰어난 재능을 보였으며 음률에 정통하였다. 그가 집정한 시기의 예술인들은 그 어느 시대보다 좋은 대우를 받았다.

송휘종 작품: 〈부용금계도芙蓉錦鷄圖〉, 〈도구도桃鳩圖〉

그리하여 휘종은 어느 날 문인으로 변장하고 이사사를 찾았다. 미모는 물론 말투, 자태, 분위기까지 제일 명기라는 호칭에 손색이 없어 휘종은 그만 넋을 잃고 말았다. 게다가 가무와 시에도 능하여 휘종의 구미에 딱 맞았다. 술이 어디로 넘어가는지 정신이 혼미해지

더니 어느덧 아침이 밝아왔다. 휘종은 아쉽지
만 그녀와 다음을 기약하고 기방을 나왔다.

궁으로 돌아온 그의 머릿속에는 오로지 이
사사의 얼굴밖에 떠오르지 않았다. 뭔가에 홀
린 사람처럼 멍하니 있다가 이따금 실없는 미
소를 머금고 흥얼흥얼 콧노래까지 불렀다. 그
러니 조회에 나가 제대로 국사를 논할 수 있
겠는가. 누군가 상소를 올리면 정신이 다른
데로 가 있어 동문서답하거나 아무 말 없이
고개만 끄덕였다. 대신들은 서로 눈치를 보기
만 하고 조회는 그렇게 별 의미 없이 끝나곤
했다.

고대기방

명나라 당인唐寅의
〈왕촉궁기도王蜀宮妓圖〉

이사사를 만난 후 그 어떤 후궁과 궁녀도 눈에 들어오지 않았다.
그렇다고 황제의 신분으로 매일 출궁하여 기방에 갈수는 없으니 답
답하고 초조하기만 했다. 그는 불현 듯 좋은 수가 떠올라 옆에 있
는 고구와 왕보에게 넌지시 물었다.

"짐이 백성들의 실태가 궁금하여 직접 눈으로 보고 싶은데, 그대
들은 어찌 생각하는가?"

이미 황제의 마음을 읽은 고구가 재빨리 아뢰었다.

"태조황제께서는 재상 조보를 데리고 눈이 오나 비가 오나 직접
민간에 내려가 백성들을 만나셨습니다. 폐하께서 자식인 백성의 삶
을 직접 확인하지 않고 어찌 국사를 논할 수 있겠습니까? 저희들도
기꺼이 따라가겠나이다."

밖으로 나갈 수 있는 명분을 얻은 휘종은 얼른 옷을 갈아입고 궁

을 나갔다.

처음에 이사사는 휘종의 진짜 신분을 모르고 있었지만 그와 동행한 고구가 황제와 매우 가까운 사람이라는 것 정도는 알고 있었다. 평상시에는 매우 거만하던 고구가 문인차림의 낯선 손님에게는 극도로 예의를 차리는 것을 보고 분명 비범한 인물일거라 생각해 더욱 조심스럽게 대하였다. 얼마 지나지 않아 황제의 기방 출입은 수도 변경汴京의 공공연한 비밀이 되었다.

몰래한 사랑

이사사는 휘종뿐만 아니라 당시 모든 남자들의 '여신'이었다. 그녀에게 푹 빠진 나머지 목숨까지 거는 자들도 있었는데 그중 가장 용감한 손님을 꼽으라면 원외랑員外郞의 관직에 있었던 가혁賈奕이다. 그도 이사사와 하룻밤을 보낸 뒤로 상사병에 걸렸다. 그런데 이제 그녀에게 쉽게 다가갈 수 없자 분하고 질투가 났다. 그는 술김에 황제가 아리따운 기생에게 빠져 산다는 내용의 시를 지었다.

이는 얼마 뒤 휘종의 귀에까지 들어가게 되었다. 대노한 휘종은 가혁을 참수하라고 명하였다.

이때 한 대신이 나서서 만류했다.

"폐하께서는 인덕으로 나라를 다스려야 합니다. 기생 한 명 때문에 그를 처형한다면 어찌 천하의 민심을 살 수 있겠습니까."

휘종은 가까스로 화를 삭이고 가혁을 경주(瓊州, 오늘의 해남도)에 좌천 보냈다.

'임자 있는' 이사사는 더 이상 다른 손님을 받지 않았지만 유독

한 사람만은 예외였다. 그는 문인 중에서도 유명한 주방언周邦彦이다. 주방언은 박학다재한 인재로 사詞의 대가였을 뿐만 아니라 음률에도 정통하였다. 당시 관아에서 감세관監稅官*을 맡고 있었던 주방언은 이사사를 보고 첫눈에 반했고 이사사도 그의 재능에 탄복해 흠모하게 되었다.

주방언

한번은 휘종이 병이 나 기방에 오지 않을 거라 생각한 주방언은 사람들 눈을 피해 이사사를 찾았다. 둘이 한창 사랑을 나누고 있을 때 갑자기 황제가 납시셨다는 전갈이 들어왔다. 주방언은 황급히 몸을 피할 곳을 찾다가 침대 밑으로 들어가 숨을 죽였다. 곧이어 방에 들어온 휘종은 그녀를 보자 안색이 밝아지더니 만병통치약을 얻은 사람처럼 기뻐했다. 이어 그는 이사사에게 강남에서 보내온 공물이라며 손에 들고 있던 귤을 건넸다.

행여 휘종이 침대 밑에 있는 주방언을 발견할까 이사사는 마음이 조마조마했다. 그의 시선을 자기에게로 집중시키려 온갖 노력을 하다가 책상의 피리가 눈에 띄어 즉석에서 한 곡 연주했다. 음률에 뛰어난 감각을 가진 황제는 미인이 부는 피리소리에 도취하여 눈을 지그시 감았다. 연주가 끝나자 무르익은 분위기를 끝내기가 못내 아쉬워 그도 한 곡 불었다. 그렇게 시간이 가는 줄 모르다가 휘종은 궁에 돌아가려고 일어났다. 이사사는 기다리고 기다렸던 순간이 오자 내심 안도의 숨을 쉬었지만 일부러 붙잡는 척 했다.

---

* 감세관監稅官: 송나라 때 각종 시설을 감독하고 세금을 거두는 감당관監當官의 하나이다.

"벌써 가시려고요?"

사랑하는 여인이 그윽한 눈빛으로 붙잡자 휘종도 마음이 동해 잠깐 망설였다.

"······"

그녀의 가슴은 콩닥콩닥 뛰었다.

"몸이 낫는 대로 올 테니 조금만 기다리게."

휘종은 아쉬웠지만 병이 완쾌되지 않은 탓에 날을 묵지 않고 돌아갔다. 몇 시간 동안 침대 밑에서 그들의 대화를 들은 주방언은 후세 사람들에게 유명한 《소년유少年游·병도여수幷刀如水》를 지어 휘종을 풍자했다.

幷刀如水, 吳鹽勝雪, 纖指破新橙.

병주*의 칼처럼 가늘고, 오지역**의 소금처럼 희구나,

싱싱한 밀감껍질 벗겨내는 미인의 섬섬옥수.

錦幄初溫, 獸烟不斷, 相對坐調笙.

따뜻한 비단장막 안, 동물모양의 향로에서는 연기가 피어오르고,

서로 마주 앉아 번갈아 피리를 부는 한 쌍.

低聲問, 向誰行宿? 城上已三更.

나지막이 속삭이는 여인의 목소리.

"인적 끊긴 삼경三更에 어디로 가시려고요?

---

* 병주幷州: 지금의 산서성山西省 태원시太原市 일대이다. 이곳의 칼과 가위는 예로부터 예리하기로 유명하다.

** 오吳: 강회江淮지역으로 지금의 양자강 중하류와 회하淮河 유역을 말한다. 이곳에서 정제한 가는소금이 유명하였는데 오염吳鹽이라 불렀다.

馬滑霜濃, 不如休去, 直是少人行.

말도 미끄러질 정도로 서리가 짙어 쉬어 가시느니만 못하옵니다.
길에 다니는 사람도 없는 것을요."

얼마 후 휘종은 이사사를 찾아와 연회를 베풀었다. 연회자리에서
새로운 사詞가 있으면 불러보라는 휘종의 요청에 이사사는《소년유
少年游·병도여수幷刀如水》를 불렀다. 휘종이 누가 쓴 것이냐고 묻자
그녀는 주방언이라고 대답한 순간 아차 싶었다. 휘종은 그날 밤 분
명 주방언도 같은 방에 있었음을 직감하고 이튿날 조회에서 핑계를
대어 그의 관직을 파면하고 추방하였다.

며칠 뒤 이사사가 주방언을 배웅하고 돌아오니 휘종이 와 있었다.
그녀는 주방언이 헤어지면서 지은《난릉왕蘭陵王·류음직柳陰直》을
들려주었다.

凄惻, 恨堆積!

처량하고 슬프고 한이 쌓인다.

漸別浦縈回, 津堠岑寂.

굽이굽이 흐르는 강물, 나루터의 보루는 적막하기만 하고,

斜陽冉冉春無極.

짙어가는 봄날의 석양은 뉘엿뉘엿 지고 있네.

念月榭携手, 露橋聞笛.

문득 떠오른다, 달빛아래에서 손잡고 이슬 가득한 다리에서 들었
던 피리소리.

沈思前事, 似夢裏, 淚暗滴.

묵묵히 지난일 생각하니 꿈만 같아, 속으로 눈물 흘린다.

《난릉왕蘭陵王·류음직柳陰直》의 일부

미인만큼 문학을 사랑했던 황제 휘종은 이 사詞를 듣고 감탄을 거듭했다. 그는 자신의 처분이 지나쳤음을 깨닫고 주방언을 다시 불러들여 대정악정大晟樂正으로 봉하였다.

미스터리한 최후

《대송선화유사大宋宣和遺事》에 의하면 이사사는 나중에 궁에 들어가 이명비李明妃로 봉해졌다고 한다. 1127년 정강의 변*으로 휘종과 흠종은 금나라의 포로로 잡혀갔다. 그 후 이사사의 행방은 묘연한 것으로 알려졌다. 죽을지언정 적군의 치욕을 당할 수 없어 순국했다는 설, 금나라에 잡혀가 금나라 병사의 아내가 되어 치욕스러운 여생을 보냈다는 설, 각지를 떠돌다가 어딘가에 정착하여 살다가 죽었다는 설 등이 있다.

그녀의 삶에 대해 어디서부터 어디까지가 진실인지는 누구도 알 수 없다. 기생이라는 특수한 신분에 황제 및 유명 문인들과 특별한 사이였다는 것만으로도 충분히 당시 그리고 후세 사람들의 입에 자주 오르내리는 이슈메이커이었을 것이라 짐작이 간다. 오늘날 수

---

* 정강의 변: 북송의 정강연간(靖康年間, 1126년~1127년) 수도가 금나라의 공격을 받아 함락되고 북송이 멸망하게 된 사건.

많은 스캔들을 몰고 다니는 연예인처럼 말이다. 몇 백 년 후 명나라의 장편소설 《수호전》의 저자 시내암, 나관중(삼국연의도 지음)은 그런 그녀를 소설에 등장시켜 한 영웅호걸과의 러브스토리를 각색하였다. 그녀는 아직도 베일에 싸인 채 사람들에게 신비감을 주어 출생과 사망, 전반적인 삶에 대해 여러 가지 추측과 상상을 하게 만드는 미스터리한 인물이다.

① 잠깐! 이사사의 무덤이 발견됐다?

몇 년 전 중국 모 프로그램에서는 사천성四川省에서 발견된 한 송나라 무덤에 대해 다루었다. 근래 사천성에서 송나라 무덤이 발견된 것은 처음이 아니다. 하지만 이번 폭우에 씻겨 세상에 모습을 드러낸 사천성 루현瀘縣 입석진立石鎭의 송나라 무덤은 이사사와 연관이 있을 것이라 한다.

고고학자의 말에 따르면 이 무덤은 송나라 시기의 한 돈 많은 부녀자의 것으로 보이며 벽에 새겨진 벽화는 술집의 풍경을 그대로 옮겼다고 말했다. 즉 무덤의 주인공은 기생일 가능성이 있다는 것이다. 학자들은 더 많은 정보를 얻기 위해 마을로 내려가 조사하던 중 재밌는 사실을 발견했다.

마을에는 '사사정師師井'이라고 하는 우물이 있었는데 현지에서 전해지는 말에 의하면 송나라가 금나라에 패한 후 많은 사람들이 사천성으로 피난을 왔으며 그중 이사사도 있었다고 한다. 마을에 우물이 모자라는 것을 안 이사사는 사람들에게 한 곳을 가리키며 여기를 파면 물이 나올 거라고 했다. 파보니 과연 물이 흘러나왔고 사람들은 그녀의 이름을 따 '사사정'이라고 하였다고 한다. 이런 우연의 일치가 또 있을까? 그녀의 행방에 또 하나의 새로운 설이 더해지게 되었지만 판단과 추측은 각자의 몫이다.

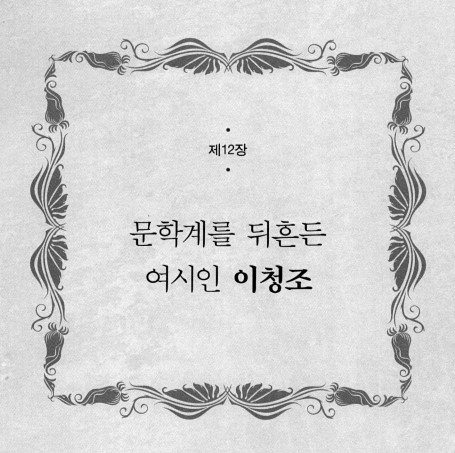

제12장

문학계를 뒤흔든
여시인 **이청조**

이청조

　낙엽이 비바람에 흩날리는 어느 가을 저녁, 한 노파가 어둑한 방 안에서 창밖을 물끄러미 내다보았다. 말라버린 나뭇가지처럼 여윈 손에 들린 술병은 금방이라도 떨어질 것만 같았다. 세월의 고초에 그을린 얼굴이 그날따라 더욱 초췌하게 보였다. 얼마 남지 않은 술을 한 모금 들이켠 그녀는 천천히 입을 떼었다.

尋尋覓覓, 冷冷清清, 淒淒慘慘戚戚.
아무리 찾아봐도 적막하기만 하니 처참하고 슬프구나.

乍暖還寒時候, 最難將息.
따뜻하다가 추워지는 계절, 몸조리하기 가장 힘들지.

三杯兩盞淡酒, 怎敵他, 晚來風急?

두 세잔의 술을 마신다고 차가운 저녁 바람 어이 막을까?

雁過也, 正傷心, 卻是舊時相識.

날아가는 기러기 떼 바라보니 가슴 아픈 건, 예전에 만난 적 있어서 일까.

滿地黃花堆積, 憔悴損, 如今有誰堪摘?

곳곳에 떨어진 국화꽃, 볼품없이 시들었는데 더 이상 누가 따가랴.

守著窗兒, 獨自怎生得黑?

쓸쓸히 창가를 지키며 홀로 어찌 어둠을 이겨내리.

梧桐更兼細雨, 到黃昏, 點點滴滴.

오동잎을 적신 가랑비, 황혼 무렵까지 그치질 않네.

這次第, 怎一個愁字了得!

이 심정을 어찌 근심 수愁 한 글자에 담을 수 있으랴!

시를 읊던 노파의 손에서 술병이 떨어지며 그녀도 스르르 무너져 내렸다. 깨진 병에서 흘러나오는 술처럼 그녀의 생명과 영혼도 빠르게 새어나갔다. 잠시 후 호흡과 움직임이 끊긴 노파의 몸에 미약하게 남아있던 체온마저도 빠져나가고 싸늘한 냉기가 그 빈자리를 채웠다.

우리에게는 생소하지만 중국에서 그녀의 명성은 결코 이태백과 두보에 뒤지지 않는다. 중국문학사에 중대한 영향을 끼친 이 위대한 여인은 늦가을 바람에 시 한 수를 담아내고 최후를 마쳤다.

그녀는 과연 누구인가?

이름: 이청조李淸照

출생-사망: 1084년 ~ 약 1155년

출신지: 제주 장구(齊州章邱, 지금의 산동성山東省 장구시章邱市)

직업: 시인, 사詞*인

금지옥엽

이청조李淸照는 자 이안易安, 호 이안거사易安居士로 북송北宋 시기인 1084년 한 사대부 집안에서 출생하였다. 아버지 이격비李格非는 진사 출신으로 북송 제일의 시인 소동파蘇東坡의 제자이며 교서랑校書郎, 예부시랑禮部侍郎 등의 주요관직을 역임했다. 그가 저술한 《낙양명원기洛陽名園記》는 낙양 수십 곳의 정원을 기술한 저서로 지금도 해당 분야에서 가장 뛰어난 작품으로 평가받고 있다.

《송사·이격비전》에 의하면 이청조의 어머니 왕씨는 "장원급제한 왕공신王拱宸의 손녀로 시문에 능한 여성"이라고 기록되었는데, 여성이 정사正史에 한 구절이라도 기록되는 것 자체가 쉽지 않은 만큼 어머니의 집안 역시 비범했음이 틀림없다.

개인의 성취는 유년기의 가정환경과 밀접한 관계가 있으며 부모가 큰 영향을 끼친다는 것은 누구나 잘 아는 사실이다. 이청조는

---

* 사詞: 시에서 변형된 문학의 한 장르로 남조南朝시기의 양(梁 502~557)나라에서 생겨나 당나라 때 발전하였으며 송나라에 이르러 절정에 이르렀다. 하여 송사宋詞라고도 한다. 음률을 결합해 노래를 부를 수 있는 악부시 형태로 처음엔 곡사曲詞라 했으며 오늘날 노래가사의 모태이다.

그런 부모의 영향으로 문학적 분위기가 물씬 풍기는 집안에서 태어나고 자랐다. 또한, 어느 집들과는 달리 딸을 크게 속박하지 않았기에 그녀는 어릴 때부터 자유로운 분위기에서 여유롭고 편안한 생활을 보냈다. 후세에 널리 알려진 《여몽령如梦令·상기계정일모常記溪亭日暮》에서 이 시기의 자유분방한 문학소녀의 생활을 엿볼 수 있다.

常記溪亭日暮,
늘 떠오른다, 냇가 정자에 해가 저물 던 그날이.

沉醉不知歸路.
술에 취해 돌아가는 길 헤맸었지.

興盡晚回舟,
흥이 다해 늦게 배를 타고 돌아오다가,

誤入藕花深處.
그만 연꽃 늪 깊은 곳으로 들어갔지.

爭渡,爭渡,
열심히 열심히 노를 저었더니,

驚起一灘鷗鷺.
여울의 갈매기와 백로들 놀라서 날아올랐지.

이 사詞는 친구들과 실컷 놀다가 저녁 늦게야 배타고 집에 돌아오는 길을 묘사한 것으로 그녀가 10대 중반에 지었을 것으로 추정된다. 10대 소녀가 술 마시고 취해서 귀가했다는 점이 흥미롭다. 고민과 걱정거리가 없는 자유분방한 소녀들이 까르르 웃는 소리가 바

북송화가 장택단張擇端이 그린 〈청명상하도淸明上河圖〉의 수도 변경

로 옆에서 들리는 것 같다. 노년기의 작품과는 선명한 대조를 보여주는 대목이기도 하다.

이청조는 어릴 때부터 아버지를 따라 당시 수도인 변경(汴京, 지금의 하남 개봉)에서 생활하게 되었는데 주변 환경이 사람에게 주는 영향 또한 무시할 수 없는 부분이다. 맹자의 어머니가 아들의 교육을 위해 세 차례나 이사했다는 이야기도 너무 유명하지 않은가. 이청조가 번화하고 아름다운 도시의 경관에서 얻은 영감이 이후의 문학적 행보에도 적지 않은 영향을 미쳤을 것으로 여겨진다.

게다가 당시 송휘종의 재위 시기라는 것도 반드시 짚고 넘어가야 할 요소이다. 휘종은 정치보다는 문학과 예술에 더 관심이 많은 황제였다. 그는 자신이 예술가였던 만큼 문인을 크게 우대하였으며, 그로 인해 송나라는 문학과 예술이 크게 발전하게 되었다. 이청조라는 당대 최고의 여성 문인이 등장할 수 있는 최적의 환경이 조성된 상태였다.

낭군을 만나다

그녀의 사詞는 일찍부터 사대부들 사이에서 인지도가 높았다. 당시 조정에서 실세였던 이부시랑吏部侍郞 조정지趙挺之의 아들 조명성趙明誠은 어느 날 아버지에게 "꿈에서 책을 보았는데 그 중 '언言과 사司가 만나고, 안安의 위가 떨어지고, 지芝와 부芙의 풀이 빠져있다.'는 내용이 도무지 이해가 가질 않으니 가르침을 주십시오."라고 말했다. 조정지는 처음에는 고개를 갸우뚱하더니 바로 아들의 속내를 알아차렸다.

조명성

언言과 사司가 만나면 사詞가 되고, 안安에서 위가 떨어지면 여女가 되며, 지芝와 부芙의 풀을 뜻하는 초두머리艸를 떼어 내면 지之와 부夫가 되니 이 모두를 합치면 사녀지부詞女之夫 즉 사녀의 지아비라는 뜻이 된다. 당시 가장 유명한 '사녀'가 바로 이청조인데, 조명성은 그녀의 남편이 되고 싶은 바람을 그렇게 돌려서 표현한 것이다.

조명성은 겸손하고 품행이 단정한 태학생太學生으로 전도유망한 인물이었다. 두뇌가 비범한데다 9살 때부터 가치 높은 골동품과 금석*金石 및 서화를 수집하고 정리하는 것을 좋아했다.

고관 집의 자녀들인 이청조와 조명성은 사교자리에 나갔을 때 우연히 만나 서로의 학식과 재능에 끌려 호감을 가졌다.

1101년, 18살의 이청조와 21살의 조명성은 백년가약을 맺었다. 결

---

* 금석: 금속과 석재에 새겨진 문자인데 이는 고대의 역사나 문화를 연구하는 데 귀중한 자료이다.

혼 후에도 두 사람은 문학에 대한 의견을 교류하면서 서로에게 든 든한 조력자가 되었다. 뿐만 아니라 이청조도 남편을 따라 금석과 서화를 수집하며 즐거움과 보람에 심취해있었다.

조명성은 관리가 되었지만 청렴하고 검소했던 탓에 생활은 생각보다 넉넉하지 못했다. 그러나 마음에 드는 고물古物을 발견하면 입고 있던 옷을 팔아서라도 꼭 손에 넣고 말 정도로 금석, 서화 수집에 대한 열정은 대단했다. 한번은 어떤 사람이 남당南唐 시기 화가 서희徐熙의 〈목단도〉를 20만전에 내놓았다. 두 사람은 보자마자 눈에서 빛이 났고 넋 잃고 한참을 말없이 쳐다보기만 했다. 하지만 거액의 비용을 지불할 능력이 안 되자 할 수없이 내려놓고 부부는 몇날 며칠을 아쉬워했다.

소소한 행복으로 물든 신혼의 단꿈은 일 년 만에 산산조각이 났다. 사돈지간인 이격비와 조정지는 원래부터 정치적 견해를 달리했는데 이때 각각 속한 당파사이의 분쟁이 더욱 첨예해져 결국 이격비가 속한 파벌의 실패로 끝나게 되었던 것이다.

이로 인해 조정지는 어사중승御史中丞으로까지 승진하게 되지만 이격비는 정치적 복수를 당하여 정계에서 쫓겨나고 만다. 이청조는 아버지의 구원을 청하는 시를 써서 시아버지 조정지에게 보냈지만 그는 정적政敵으로 대립하는 사돈을 배려할 아량은 추호도 없었다. 더 이상 변경에 머물 수 없게 되자 이청조는 아버지와 함께 본적지로 가게 되었고 남편과 당분간 떨어져 생활하게 되었다.

1107년, 조정지 또한 재상 채경蔡京과의 권력다툼에서 패배하자 정치의 희생양이 되어 파직되고 얼마 뒤 죽었다. 이에 조명성에게까지 불똥이 튀게 되었다. 그도 어쩔 수 없이 지방 청주靑州로 내려갈 수밖에 없었다.

남편과의 은거생활

청주에서 만난 두 사람은 다시 행복
한 생활을 시작하였다. 1108년, 25살이
던 이청조는 스스로 '이안거사易安居士'
라는 호를 짓고 본격적인 창작에 뛰어
들었다. 조명성 또한 이청조의 전폭적
인 지지와 도움으로 금석 수집과 연구
에 몰두하여 후세에 명저로 칭송받는
《금석록金石錄》의 편찬을 시작하였다.

금석록

십여 년의 시간은 눈 깜짝할 사이에 지나갔다. 1121년 조명성이
내주지주萊州知州로 부임되어 다른 지방으로 가게 되었다. 이청조는
처음에는 남편을 동행하지 않고 청주에 남아있었다. 사랑하는 사람
과 이별하는 아쉬움과 그리움을 담은 《일전매一剪梅》,《취화음醉花
陰》 등의 작품들은 이 시기에 창작된 것들이다.

花自飄零水自流,
꽃잎은 무심히 흩날리고 강물도 무심히 흐르는구나.
一種相思, 兩處閑愁.
같은 그리움 두 곳에서 견디는 슬픔이여.
此情無計可消除,
그리운 이 감정 풀어버릴 길 없어

才下眉頭, 卻上心頭.

미간에서 사라진 그리움 어느새 또 가슴에 솟누나.

《일전매一剪梅》의 일부분

莫道不消魂,

슬프지 않다고 말하지 마세요,

簾捲西風,

서풍에 주렴이 말려 올라가니,

人比黃花瘦.

국화보다 수척한 나의 모습이어라.

《취화음醉花陰》의 일부분

독일 문학가 괴테는 "영감은 오직 고독을 느낄 때만 떠오른다."라고 하였는데, 당시의 이청조가 바로 그랬다. 사무치는 외로움은 이청조에게 창조적 영감을 선물하였고 그녀는 그 감정을 시에 담아 자신을 위로하였다

남편과 나라를 동시에 잃다

이후 이청조는 내주萊州로 찾아가 남편과 재회하였다. 서로를 지극히 사랑하던 두 사람은 너무나 행복했지만, 몇 년 뒤 조명성이 치주淄州와 강녕江寧에 차례로 부임하게 되면서 이별과 재회를 반복하였다. 이들은 그동안에도 금석 수집과 연구를 게을리 하지 않고 짬

만 있으면 《금석록》의 편찬에 열중하였다.

새로운 곳에 부임할 때마다 가장 골칫거리가 되는 것은 대량의 금석과 고화古畫 등을 옮기는 일이었다. 이 또한 이청조가 바로 남편을 따라갈 수 없는 이유이기도 하였다. 그동안 푼돈을 아껴가며 수집한 것들은 물론 그들 부부가 아끼는 서적들까지 실으려면 수레 몇 대로도 부족할 정도였다. 흔치 않은 보물인데다가 당시 사회 전반이 뒤숭숭할 때라 그녀는 보관과 운반에 각별히 신경 쓰고 조심해야 했다.

그러던 중 '정강의 변靖康之變'이 터졌다. 1127년 휘종의 아홉째 아들 조구趙構는 남경응천부(南京應天府 오늘의 하남성河南省 상구시商邱市)에서 남송을 건국했다. 이후 남하하여 소흥부(紹興府, 오늘의 절강성浙江省 소흥시紹興市)에 수도를 정하였다.

---

① 잠깐! '정강의 변靖康之變'의 전말

북방의 이민족 금나라가 급격히 성장하면서 송나라를 위협했다. 하지만 당시 황제인 휘종은 너무나 무능하고 안일했다. 간신 채경蔡京에게 모든 것을 맡긴 휘종은 더욱 서화書畫에 몰두하는 등 사치와 향락에 빠져들었다. 이미 곳곳에서 농민들이 반란을 일으키고 국력이 바닥을 치다 못해 땅에 파묻힌 데다, 금나라마저 압박해 왔다. 1125년, 송나라는 금나라와 연합하여 요나라를 멸망시켰다. 이듬해 금나라가 송나라에 쳐들어오자 공포에 질린 무능한 휘종은 아들 흠종欽宗에게 보위를 양보하고 의무를 떠넘겼다.

그러는 사이에 수도 변경을 포위한 금나라 대군이 연일 맹공격을 퍼붓자 얼마 지나 결국 변경이 함락당하고 말았다. 그때가 1126년 11월이었다.

　휘종과 흠종이 포로로 잡히고 끌려가는 초유의 사태를 역사에서는 '정강의 변靖康之變' 이라 한다. 이듬해, 휘종의 아홉째 아들 강왕康王 조구趙構가 남쪽으로 도망가 고종高宗으로 즉위하니, 멸망한 송나라를 북송이라 하고 재건된 송나라를 남송이라 한다.

　1129년 호주지주湖州知州로 임명된 조명성은 부임하러 가던 도중 학질에 걸려 슬프게도 유명을 달리하였다.

외로운 황혼

　40대 중반에 사랑하는 남편을 잃은 이청조는 졸지에 과부가 되었다. 목 놓아 불러보아도 울어보아도 변하는 건 아무것도 없었다. 큰 병에 걸려 앓아누웠지만 어떻게 해서라도 다시 일어나 꿋꿋이 버텨야했다. 남편이 아끼던 유물들 그리고 결혼 후 함께 여기저기를 돌아다니며 얻은 대량의 수집품들을 지켜야 했기 때문이다. 자신이 마지막으로 남편을 위해 할 수 있는 일이거니와 남편과의 소중한 추억을 지킬 수 있는 일이기도 했다. 하지만 힘없는 여자의 몸으로는 쉽지 않았다.

　마침 조명성의 매제인 이씨가 병부시랑兵部侍郞으로 홍주(洪州, 오늘의 하남성河南省 휘현輝縣)에 있어 그를 찾아가 의탁하기로 하였다. 그런데 그해 말 홍주가 금나라 군에게 함락될 줄이야! 이청조는 하는 수 없이 짐을 줄여 일부분만 가지고 도망 다녔다. 이리저리 피난하던 와중에 안타깝게도 수집품의 대부분을 소실하고 말았다.

이제 이청조는 생존을 걱정해야 했다. 누구의 도움도 받지 못하고 홀로 전란을 피해 이리저리 떠돌던 그녀는 장여주張汝州라는 작은 관리에게 재가하게 된다. 하지만 그가 애초부터 이청조에게 접근한 이유는 그녀가 보유한 것으로 소문난 금석과 골동품들이었다. 그런데 막상 결혼하고 보니 별로 남지 않은 것에 실망하고 본색을 드러내기 시작했다. 욕설을 일삼는 것은 물론 폭행까지도 서슴지 않았다.

더 이상 부부관계를 유지할 수 없다고 생각한 이청조는 100일도 채우지 못하고 이혼하기로 결심하였다. 그러나 당시에는 여자 측에서 먼저 이혼을 제기하는 경우가 별로 없을뿐더러 남편이 큰 잘못을 저지르지 않고서는 쉽지 않은 일이었다. 그녀는 장여주가 뇌물로 관직을 샀음을 알고 남편을 고소하였다. 관아에서 조사를 해보니 사실임이 증명되어 장여주는 관직에서 파면되고 이청조는 원하던 대로 이혼하게 되었다.

억울하게도 송나라의 법에 의하면 아내가 남편을 고소한 자체만으로 죄가 인정되어 3년 동안 감옥살이를 해야 했다. 다행히 지인의 도움으로 9일간 감금된 후 풀려났지만 여자가 재혼한 것도 모자라 또 이혼한 것에 대해 당시 사회의 시선이 곱지 않

청나라 최착崔錯의 〈이청조〉

았다.

그녀는 또다시 정처 없는 유랑생활을 감내할 수밖에 없었다. 그 와중에 조명성이 남긴 유작 《금석록》을 정리 및 완성하여 조정에 바쳤다. 이후 홀몸으로 외롭고 힘거운 삶을 살다가 어느 곳에선가 조용히 눈을 감았다. 향년 70대일 것으로 추정된다.

이청조는 70여 편의 주옥같은 작품을 남겼으며 아름답고 섬세한 필치로 자신의 곡절 많은 인생을 사詞에 담아 표현해냈다. 이청조의 작품은 후세 많은 문인들로 하여금 탄복해 마지않았으며 송사(宋詞)의 최고 수준을 보여주었다고 입을 모은다. 그녀는 중국고대 문학사의 몇몇 안 되는 여시인 중 한 명으로 이후 여성의 문학창작에 가장 빛나는 등불이 되었다.

① 잠깐! 조선 최고의 여시인 허난설헌

허난설헌(許蘭雪軒 1563~1589)은 황진이黃眞伊와 더불어 조선 최고의 여시인으로 꼽힌다. 허난설헌은 《홍길동전洪吉童傳》의 작가로 잘 알려진 허균許筠의 누이이다. 양반집 자녀로 태어나 문재文才의 유전자를 이어받고 어렸을 때부터 천재성을 드러냈다. 하지만 허난설헌은 이청조보다 남편복이 없었다. 부모의 뜻에 따라 치른 혼인이 지옥의 시작이었다. 그녀의 시댁은 지식인 며느리를 달갑지 않게 여겼으며 남편조차 지지해주지 않고 바깥으로만 돌았다.

그런 상황에서도 허난설헌은 창작에 매진하여 《빈녀음貧女吟》, 《유선시遊仙詩》, 《곡자哭子》, 《동선요洞仙謠》 등의 작품을 썼다.

그러나 얼마 후 친정의 몰락과 자식들의 잇따른 요절에 비관한 그녀는 27세의 나이에 스스로 목숨을 끊었다. 시대를 잘못 만난 별은 그렇게 안타깝게 지고 말았다. 그녀의 유언에 따라 대부분의 유작들은 소각되었지만 동생 허균은 영원히 묻힐 누나의 작품이 아까워 일부를 모아 《난설헌집》을 펴냈다.

이후 명나라 사신이 그 시집을 보고 감탄하여 중국으로 가져가 《허난설헌집》을 발간하였으며 일본에서도 간행되었다.

제13장

방직의 어머니
황도파

초가을 늦은 밤, 부두는 조용히 잠들어 있었다. 긴 밧줄에 묶인 배들이 이따금씩 철썩이는 물결에 삐걱삐걱 소리를 냈다. 갑자기 저 멀리서 다급한 발자국 소리와 함께 작은 형체가 어렴풋이 어둠을 가르며 부둣가로 뛰어가고 있었다.

황도파

달빛에 비친 얼굴에는 긴장감과 무서움에 질린 표정이 역력했다. 헝클어진 머리와 찢어진 옷차림으로 가슴에 작은 보따리를 안은 한 여인이 누가 칼을 들고 쫓아오기라도 하는 것 마냥 연신 뒤를 돌아보며 달리다가 그만 넘어지고 말았다. 무릎이 벗겨지고 피가 철철 흘렀지만 여인은 이를 악물고 일어나 다시 달렸다. 마침내 부두에 닿은 그녀는 가쁜 숨을 헐떡이며 줄줄 떨어지는 땀을 훔쳤다. 두려운 눈빛으로 주위를 둘러보던 여인은 잠시 머뭇거렸다. 큰 결심이라도 한 듯 여인은 눈앞의 화물선에 올라탔다. 화물 뒤쪽에 몸을 숨긴 채 웅크리고 앉아 한숨을 돌리고 있을 때 누군가의 발자국 소리가 들려왔다. 점점 가까이 다가오자 여인은 숨을 죽이고 눈을 질끈 감았다.

"거기 누구냐?"

눈을 떠보니 선장으로 보이는 한 중년 남자가 앞에 서있었다.

"왜 그러고 있어요?"

다시 한 번 묻는 말에 여인은 참았던 눈물을 흘렸다. 중년 남자는 그녀를 한번 훑어본 후 눈물의 의미가 대충 짐작이 가는 듯 뒤돌아 가버렸다.

조금 뒤, 배가 출발했다. 멀어져가는 육지를 바라보며 여인은 소매로 눈물 자국을 닦아냈다. 언젠가 다시 돌아올 거라 생각했지만 고향과의 그 이별이 30년 될 줄이야! 그리고 먼 훗날 자신이 '방직의 어머니'라 불리며 만인의 칭송을 받게 될 줄은 더욱 몰랐을 것이다.

그녀는 대체 무슨 이유로 야반도주라는 극단적인 선택을 하게 되었으며 어디로 향한 것일까?

그녀는 과연 누구인가?

이름: 황도파黃道婆

출생-사망: 약 1245년~1330년

출신지: 송강오니경(松江烏泥涇, 지금의 상해시 서회구徐匯區)

직업: 방직기술자

고난에서의 탈출

황도파黃道婆가 태어났던 시기는 남송 말기에서 원나라로 과도하는 시기였다. 당시 사회는 전란으로 인해 극히 어수선한데다 자연재해마저 겹쳐 가장 풍요로웠던 강남일대도 굶주리게 되었다. 사람이살고 있는 집보다 폐가가 많을 정도였고 굶어 죽는 시체가 사처에널렸다.

그녀가 13세 되던 해, 어떤 집에 민며느리로 들어가게 되었는데이로 미루어 황도파의 가정이 어땠을지 짐작이 간다.

> ### ① 잠깐! 민며느리 제도란?
>
> 민며느리제도는 중국어로 아이 동童, 기를 양養, 며느리 식媳자를 합쳐 '동양식童養媳'이라 한다. 정상적인 혼인으로 며느리를 얻기 힘든 집에서 더욱 형편이 어려운 집의 어린 여아를 데려와 가사를 돕게 하다가 14세쯤 되면 아들과 합방하게 하여 정식 부부가 되도록 하는 구시대의 혼인제도이다.
>
> 옛날에는 어릴 때 약혼하거나 결혼하는 경우가 흔한 일이었지만 위에서 언급한 민며느리제도는 사실상 송나라 때부터 민간에서 유행되었다. 그 후 이런 기형적인 혼인제도는 몇 백 년 동안 지속하여 존재해왔으며 신중국이 건립된 후, 혼인법이 제정되면서 전면적으로 금지되었다.

일단 먹고사는 것은 해결되었지만 황도파는 새로운 고난에 직면하게 되었다. 시댁이 잠시라도 그냥 두지 않았던 것이다. 일꾼이 필요했던 시댁은 황도파를 며느리로 대우하지 않았다. 새벽부터 늦은

저녁까지 갖은 노동에 내
몰려 혹사당하는 것도 모
자라 모진 학대와 매질까
지 감내해야 했다. 시어머
니가 그러는 것이야 어쩔
수 없다지만 남편까지 가
세하는 것은 더욱 견디기

목화

어려웠다. 인권이라는 것이 존재하지 않았을 그 시대에 특히 여성들
에게 가해지는 고통은 황도파에게도 예외가 없었다.

그녀가 그래도 견뎌낼 수 있었던 것은 목화 덕분이었다. 당시 황
도파의 고향을 비롯한 강남지역 중 일부에는 일찍부터 소규모로 목
화가 재배되고 있어 여자들이 면방직기술을 배우고 있었다. 새벽부
터 늦은 밤까지 소처럼 일하고 시중들던 황도파는 약간의 짬이라
도 생기면 방직기술을 연마했다. 그것은 이루 말할 수 없는 학대와
고통스러운 생활에 치이면서도 그나마 따뜻한 위안이 되었다.

세월이 지나도 생활은 나아지지 않았다. 아무리 열심히 일해도
구타가 계속되었고 스트레스를 풀듯 때린 다음에는 밥도 못 먹게
하고 잠도 못 자게 하기 일쑤였다. 어떻게든 비참한 현실에서 벗어
나고 싶었지만 집을 나가게 되면 굶어 죽거나 술집으로 팔려가는
등 상상하기조차 무서울 거라는 우려 때문에 묵묵히 감내할 수밖
에 없었다. 그러나 시댁의 학대가 더 심해지자 황도파는 더 이상
참을 수 없었다. 그 결정이 그녀의 인생을 송두리째 바꾸어 놓을
줄이야.

재능을 꽃피우다

인간 이하의 대우로 고통과 분노가 극에 달한 황도파가 집에서 도망치기로 마음먹은 것은 가을로 접어들던 어느 날 밤이었다. 일단 집을 나오기는 했지만 딱히 갈 곳이 없었던 그녀는 무작정 부두로 달려가 출발하려는 어떤 배에 올라탔다. 그녀는 앞으로 어떤 일이 닥칠지 두려웠지만 한편으로는 지옥 같은 시댁에서 무사히 빠져나온 것에 안도의 숨이 나왔다. 다행스럽게도 선주船主는 그녀를 배에서 내쫓지 않았다. 그녀는 그렇게 고향을 떠나게 되었고 중국 최남단 섬의 애주(崖州 지금의 해남도海南島 삼아三亞)라는 곳에 도착하게 되었다.

열대에 속하는 이 섬은 내륙보다 따뜻하고 습윤해 목화재배에 적합한데다가, 현지 소수민족인 여족黎族의 방직기술은 놀라울 정도로 발달해 있었다. 황도파는 고향에서 접하지 못한 선진기술과 설비에 매료되었다. 게다가 여족 여성들은 타지에서 온 그녀를 따뜻하게 대해주었고 자신들의 기술에 대해 친절하게 가르쳐주었다.

1999년 차이나포스트에서 발행한
우표 속 여족의 모습

황도파는 눈썰미와 손재주도 좋았지만 부지런하기도 했다. 그녀는 여족의 언어를 열심히 배우는 한편 그들을 스승으로 모시고 방직기술을 배웠다. 방직에 흘려 시간이 가는 줄 몰랐다. 그녀의 기술은 나날이 발전하였고 기존의 방식에 자신이 창안한 새로운 방식을 접목하고 개량하기도 하였다.

아낌없이 전수하다

그렇게 30년이란 세월이 흘렀다. 그동안 오직 방직에 대한 열정과 노력으로 살아왔지만 나이가 드니 고향에 대한 그리움이 날로 더해갔다. 그리하여 황도파는 고향에 돌아가기로 마음먹었다. 그동안 가족처럼 대해주었던 여족 자매들과의 작별은 크나큰 슬픔을 동반했다. 그때가 1295년, 꽃다웠던 황도파가 50세가 되었을 무렵이었다.

제2의 고향을 떠나 다시 돌아온 강남은 예전과는 많이 달라져 있었다. 십 년이면 강산이 변한다는 판에 삼십 년이나 지났으니 오죽했으랴. 남송은 이미 멸망하였고 칭기즈칸이 일으킨 몽골이 드넓은 대륙을 정복해 원나라를 세운 다음이었다. 전란으로 인해 시어머니와 남편도 죽고 없었다.

그런 시기에 고향에 도착한 황도파는 물 만난 고기처럼 분주히 움직였다. 낙후한 목화의 초기 가공기술이 면방직업의 발전을 가로막아 목화의 재배가 대규모로 이루어지지 못한 점을 발견하고 고향 사람들에게 그동안 터득한 여족의 선진기술은 물론 자신이 창안한 기술들도 아낌없이 전수하였다.

또한, 방직기계에 대해 혁명적인 개혁을 시도했다. 목화를 가공하기 위해서는 먼저 씨를 빼내는 것이 순서였다. 기존에는 일일이 사람의 손으로 빼내야 했기 때문에 힘이 들고 더디었는데 황도파는 그것부터 개선해야 한다고 생각했

황도파

다. 처음에 그녀는 사람들을 불러 모아 목화씨를 평평한 돌 위에 올려놓고 매끈한 막대로 굴리는 방법을 가르쳤다. 그렇게 하면 한꺼번에 예닐곱의 씨를 빼낼 수 있었기 때문이다. 그러나 이 기술도 수작업이었던 탓에 숙달되지 않은 사람이 작업을 하면 손과 팔에 힘이 많이 들어가 자칫 씨를 부스러뜨릴 수가 있었다.

고심을 거듭하던 황도파는 마침내 목화씨를 뽑아내는 기계를 만들어 냈다. 기계의 손잡이를 돌리면 기어가 서로 맞물리면서 회전하게 되는데 그 틈으로 목화를 넣어 솜은 밖으로 밀리듯 나오고 씨만 남게 되는 구조였다. 이 기계가 개발되자 기존의 방식과는 비교조차 할 수 없을 정도로 생산량이 많아지고 품질 또한 향상되었다. 이는 미국인 휘트니가 발명한 조면기보다 500년이나 앞섰으니 세계 방직기술의 이정표가 되는 획기적인 사건이었다. 그 뿐만 아니라 황도파는 다른 기술자들과 함께 새로운 물레를 연구하여 제작했다. 이것 역시 기존의 물레보다 훨씬 뛰어났다.

그리고 황도파는 그동안의 경험과 연구를 종합하여 봉황 무리와 바둑판, 문자, 꽃 등등의 아름다운 도안을 직조하였는데 이런 제품들은 해외에서도 인기가 높았다.

그 후 황도파가 직접 기술을 전수한 송강 일대는 상업의 중심지가 되어 원나라와 명나라는 물론 청나라 시대까지 방직업이 성업하고 '의피천하衣被天下'라 불리며 이름을 날렸다.

1330년, 황도파는 80여세의 나이로 세상을 떴다. 남편도 자식도 없이 성별과 신분의 한계에 더해진 역경을 뛰어넘어 만민에게 복을 가져다 준 그녀는 중국 면방직업의 선구자이자 방직기술의 개혁가로 역사에 남아 오래도록 추앙될 것이다.

상해에 위치한 황도파기념관

제14장

내조의 여왕
마황후

마황후

날이 다르게 쇠하던 황후의 기력은 이제 거의 다한 것 같았다. 그녀가 힘겹게 눈을 뜨자 근심이 가득한 표정으로 자신을 바라보고 있는 남편이 보였다.

"오오! 정신이 드오?"

황제가 다급하게 그녀의 손을 잡아주었다.

"마, 마지막으로 드릴 말씀이 있습니다."

"일단 아무런 말도 하지 말고 안정을…"

황제가 만류했지만 황후는 미소를 지으며 말했다.

"백성들 모두가 폐하의 자식인 만큼 잘 돌보시고, 우리 명나라가 건국될 수 있도록 함께 싸운 신하들에게는 부디 넓은 아량을 베풀어 주십시오."

"또 그 소리요?"

황제가 어이없다는 듯 말했지만 황후는 물러서지 않았다. 집요하게 자신을 바라보며 대답을 요구하는 그녀에게 그러마하고 약속하려던 황제는 흠칫 놀랐다. 미약하고 힘겹게 오르내리던 가슴이 움직이지 않는데다 자신을 바라보는 눈동자도 움직이지 않았다.

역사상 가장 잔혹했던 황제는 그녀의 죽음에 이내 뜨거운 눈물을 흘렸다.

그녀는 과연 누구인가?

이름: 미상

출생-사망: 1332년~1382년

출신지: 안휘安徽 숙주宿州

직 업: 황후

난세의 인연

마씨는 1332년 안휘安徽 숙주宿州에서 출생하였다. 야사 및 사극에서는 본명이 마수영馬秀英이라고는 하나 명사明史에는 성씨만 있을 뿐 명확한 이름은 기록하고 있지 않다.

마씨가 태어난 원나라 말기는 극히 혼란한 시대였다. 몽골족의 원나라가 내분 등으로 지배력을 상실하자 그들에게 압제 당했던 한족 백성들이 여기저기서 들고 일어나 봉기를 일으켰다. 그들이 머리에 붉은 두건을 썼기에 원나라에서는 홍건적紅巾賊이라 불렀다. 봉기군은 열흘도 안 되어 십여만으로 늘어났다. 곳곳에서 원나라 군대와 농민군이 충돌하던 중, 전쟁에 나갔던 마씨의 아버지가 그만 전사하고 말았다.

그는 죽기 전 딸을 호주(濠州, 지금의 안휘성安徽省 봉양현鳳陽縣)일대의 봉기군 수령 곽자흥郭子興에게 맡겼는데, 곽씨 부부는 그 아이를 수양딸로 삼아 애지중지 키웠다. 어릴 때부터 하나를 가르치면 열을 알 정도로 총명했던 마씨는 책을 가까이 하였으며 성격도 매우 차분하여 더욱 사랑을 받았다.

① 잠깐! 홍건적紅巾賊이란?

원나라 말, 폭정에 불만을 품은 명교明敎, 백련교白蓮敎, 미륵교彌勒敎 등 민간 종교단체들에서 '미륵불하생彌勒佛下生', '명왕출세明王出世'의 교의를 내걸고 각지에서 신도를 모으고 있었다.

그 시기 원순제元順帝가 황하를 다스릴 목적으로 많은 농민들을 강제로 징발하였는데 이는 백성들의 강한 불만을 사게 된다. 이틈을 타 종교 신자들인 한산동韓山童, 유복통劉福通은 농민들과 신도들을 이끌고 봉기를 일으키려고 하였다. 그러나 작전이 새어나가는 바람에 한산동이 체포되어 죽고 말았다.

유복통劉福通은 포위망을 뚫고 빠져나와 영주(潁州, 지금의 안휘성 부양시)를 거점으로 군사를 일으켜 여녕(汝寧, 지금의 하남성 주마점 일대), 광주(光州, 지금의 하남성 황천현), 식주(息州, 지금의 하남 식현) 등을 연이어 점령했다. 머리에 붉은 두건을 쓴 봉기군은 어느새 십여만으로 늘었다.

그 후 유복통은 여기저기 피해 다니던 한산동의 아들 한림아韓林兒를 찾아 자신의 근거지인 박주(亳州, 안휘성 박주)로 맞아들였다. 또한, 그를 소명황小明皇으로 옹립해 나라를 세우고 국호를 송宋이라 하였다.

같은 시기 다른 지방의 농민들도 봉기를 일으켰는데 대표적인 세력은 호북湖北의 서수휘徐壽輝, 서주徐州의 지마리芝麻李, 호주濠州의 곽자흥郭子興 등이다.

그러나 홍건적의 세력은 전국으로 확산되었지만 내부분열로 단합되지

못하고 마지막엔 서로를 죽이기에까지 이른다. 원나라 폭정에 대항하려
는 목적으로 결성된 그들이 후에는 각 지방 봉기군의 세력다툼으로 변
해버려 본래의 의미를 상실하게 되었다. 또 두 차례에 걸쳐 고려를 침략
하였으나 격파당해 괴멸되었다. 그들을 물리치는 과정에서 이성계李成
桂 등이 정치적으로 급부상하였다.

주원장

　비슷한 시기, 곽자흥의 봉기군에 새로
가담한 한 청년이 있었는데 그는 빠른
시간 내에 적응을 잘하며 두각을 나타
내기 시작하였다. 어떤 강적을 만나도
용감무쌍하게 물리쳤고, 농민 출신 봉기
군으로서는 드물게 글도 읽을 줄 알아
곽자흥의 마음에 들었다. 이때는 이 젊
은이가 앞으로 어떻게 될지 누구도 알지

못했다. 어려운 농민의 가정에서 태어나 17살에 가족을 잃고 여기
저기를 떠돌아다니다 굶어죽지 않기 위해 승려가 되기까지도 했던
그가 바로 중국을 통일하고 명나라를 건국한 주원장(朱元璋, 1328년
~1398년 재위 1368년~1398년)이다.

　곽자흥은 대업을 이루는데 있어서 주원장 같은 인재가 필요함을
느끼고, 그를 스무 살이 된 수양딸 마씨와 혼인시키는 것으로 측근
에 두려 하였다.

동반의 행보

그렇게 부부가 된 주원장과 마씨는 점차 서로를 믿고 의지하게 되었다. 마씨는 지혜롭고 검소하며 배려할 줄 아는 현명한 여자였다. 그녀는 남편의 가장 든든한 후원자로, 어떤 역경도 두려워하지 않았으며 좋은 의견과 대책을 내놓기도 하여 주원장에게 큰 힘이 되었다.

또한 주원장의 목숨을 구한 일도 있으니 은인이기도 했다. 곽자흥에게는 아들 두 명이 있었는데, 그들은 승승장구하는 주원장을 시기한 나머지 아버지에게 주원장이 반란을 꾀한다고 모함하였다. 처음에는 곽자흥도 믿지 않았다. 워낙 의심이 많고 흉금이 좁은 그는 아들들의 말을 믿고 주원장을 감옥에 가두었으며 먹을 것을 주지 말라고 명했다.

남편이 며칠째 굶고 있다는 것을 안 마씨는 마음이 조급했다. 그녀는 사람들의 눈을 피해 부엌에서 떡을 구운 후 품에 넣고 몰래 남편에게 가져다주었다. 주원장이 떡을 손에 쥐었을 때 방금 구운 것처럼 따끈따끈했지만, 그것을 품에 안고 달려오느라 마씨의 가슴은 벌겋게 데고 말았다. 그런 사실을 알게 된 곽자흥의 부인 장씨는 남편을 설득해 주원장을 풀어주도록 하였다.

겨우 위기를 넘겼지만 의심이 많은 곽자흥은 주원장에 대한 경계를 풀지 않았다. 그때도 마씨는 자신이 모은 재산을 양모 장씨와 곽자흥의 첩들에게 나누어 주며 곽자흥에게 주원장을 좋게 말해달라고 부탁함으로써 남편이 곤경에서 빠져나올 수 있도록 하였다.

얼마 후 곽자흥이 병으로 죽자 주원장은 군대를 모아 독립적인 세력을 키워나갔으며 원나라 남쪽의 주요거점 집경(集庆, 지금의 남경)을 점령하였다. 이후 진우량陳友諒, 장사성張士誠 등 각지의 군웅들과 격돌한 끝에 모조리 격파하고 굴복시켰다.

1368년, 주원장은 마침내 중국 역사상 한족이 세운 마지막 왕조인 명나라를 건국하고 연호를 홍무洪武라 하였다. 이어 북벌군을 일으켜 원나라를 몰아내고 중국을 통일했다.

주원장이 천하를 얻기 위해 십여 년간이나 전쟁터에서 싸우는 동안 마씨도 남편을 따라다니며 후방 보급을 맡았다. 병사들의 양식과 의복을 공급하고 자기 소유의 금은보화들을 병사들을 위해 쓰면서 사기를 북돋아 주었다. 이는 절대 평범한 여자가 베풀 수 있는 도량이 아니었다.

그녀의 현명함은 여기에서 그치지 않는다. 주원장은 황제로 등극한 첫해, 궁중 여자들이 지켜야 할 규율인 '여계女戒'를 만들었는데 그 가운데는 후궁이 국가 대사에 관여하지 못한다는 규정도 있었다.

어느 날, 마황후는 주원장과 이야기를 나누던 중 지나가는 말로 물었다.

"폐하께서 건국한 이후로 신첩은 한동안 밖에 나가보지 못했네요. 백성들은 잘 살고 있겠지요? 오래도록 천하가 태평했으면 좋겠나이다."고 했다.

그러자 웃고 있던 주원장의 얼굴이 갑자기 굳어졌다.

"짐이 수차례 말했지만 여자는 국사에 관여하는 게 아니오."

그는 다소 언성을 높였다.

마황후는 주원장의 표정을 잠깐 살피고는 차분하고 부드러운 목소리로 말했다.

"신첩은 이 나라의 국모인 즉 백성의 어머니입니다. 그런데 어찌

청나라 초병정焦秉貞의 〈역조현후고사도曆朝賢后故事圖〉

어미로서 자식에 대해 묻지 않을 수 있겠습니까."

씩씩거리던 주원장은 그녀의 말에 일리가 있자 조금 생각하더니 수긍하며 고개를 끄덕였다.

뿐만 아니라 마황후는 예비창제도預備倉制度를 시행할 것을 권유했다. 풍년일 때 창고에 모아둔 양식을 가뭄 같은 자연재해가 닥칠 때 백성들에게 나누어 주도록 하였으니 그녀는 입으로만 백성을 사랑하는 황후가 아니었다.

마씨는 황후가 된 후에도 검소하였다. 한번은 주원장이 의복문제로 크게 화를 냈는데 이를 지켜보던 마황후가 과거의 힘든 날들을 잊으셨냐고 물었다. 아내의 말에 주원장은 힘들었던 시절을 떠올리며 깊이 반성하였다. 주원장은 마황후를 당나라의 장손황후에 견주며 "집안에 현명한 처가 있으니 나라에 훌륭한 재상을 둔 듯하다."는 높은 평가를 내렸다.

궁에는 마황후의 어떤 친인척도 없었다. 그도 그럴 것이 어릴 때 부모를 여의고 양부모 밑에서 크다가 결혼 후 여기저기로 떠돌아다녔으니 있을 리 만무했다. 주원장은 그런 황후가 가엾었는지 고향에 친척이 있을지 모르니 사람을 시켜 알아보고 데려오자고 했다. 그러나 외척이 정치에 개입해서 발생한 비극의 역사를 잘 알고 있던 마황후는 주원장의 배려를 받아들이지 않았다.

잔인한 황제를 다독이다

주원장이 잔인하다는 평가를 받는 것은 동고동락한 개국공신들을 지나치게 숙청했기 때문이다. 한나라를 건국한 유방도 황제의 권력을 강화하기 위해 한신 등 건국공신들을 토사구팽했지만 주원장은 유방에 비할 수 없을 정도로 무자비하게 공신들을 죽였다. 주원장은 중국 역사상 가장 많은 살인을 저지른 황제 가운데 한 명으로 꼽힌다.

그는 화를 잘 참지 못하는 전형적인 다혈질이었다. 마황후는 그런 남편을 설득하여 참화를 면하게 한 일이 많았다. 그 중 가장 유명한 것은 개국공신 송렴宋濂의 손자 송신宋愼이 모반사건에 연루되어 구족을 멸해야 하는 처지에 놓였을 때이다. 마황후가 송렴은 덕망이 높고 태자의 스승인데다 손자의 일은 그도 몰랐을 거라고 설득했지만, 주원장은 대노한 상태라 고집을 꺾지 않았다.

그날 식사를 할 때 마황후는 채소만 조금 먹을 뿐 고기 등에는 손을 대지 않았다. 의아해진 주원장은 걱정스러운 표정으로 물었다.

"어디 불편하시오?"

마황후는 한숨을 쉬며 대답했다.

"송렴에 대한 명복을 미리 빌고자 하옵니다."

한참 말이 없던 주원장은 이튿날 송렴의 사형을 거두어들이고 유배를 보내도록 조치했다. 어떤 나라든 건국한 초기가 불안하고 흔들리기 마련인데 명나라가 비교적 안정될 수 있었던 것은 인자하고 현명한 마황후의 존재와 무관하지 않을 것이다.

일부 야사野史에 따르면, 출신이 미천하고 생계를 위해 한때 승려까지 되었던 주원장은 황제가 된 후 '광光', '독禿', '승僧' 등 승려를 뜻하는 글자와 '승僧'과 발음이 흡사한 '생生'자의 사용을 금지하였다고 한다. 뿐만 아니라 자신이 가담한 홍건적의 '적賊'자도 싫어하여 그와 발음이 비슷한 '칙則'자도 못쓰게 하였다고 한다. 즉 자신의 그러했던 과거를 떠올리고 싶지 않아 감추려 했다는 의미인데 이는 사실이 아닐 가능성이 크다.

중국 안휘성에 있는 주원장 황릉비皇陵碑에 적힌 비문碑文은 그가 1378년에 직접 작성한 것인데 탁발승이었던 과거를 비롯해 어려웠던 유년기를 거리낌 없이 적었다. 오히려 미천한 출신임에도 불구하고 이민족의 나라 원나라를 멸해 한족의 천하를 다시 찾은 위업을 이룬 것에 대해 커다란 자부심을 느낄 정도로 당당했다.

거꾸로 붙인 福자

민간에는 이런 이야기도 전해지고 있다. 중국에서는 설이 되면 집집마다 문이나 벽에 '복福'자가 적힌 네모난 종이를 붙이는 풍습이 있다. 복이 가득한 새해가 되기를 바라는 사람들의 염원임은 이해하지만 이상하게도 많은 사람들이 글자를 거꾸로 붙인다.

'복'자를 거꾸로 붙이는 데는 특별한 의미가 있다. 바로 '거꾸로'라는 단어와 '오다, 도래하다'라는 단어의 중국어 발음이 같아 '복'자를 거꾸로 붙이면 '복이 오다'는 것을 의미하게 된다는 것이다.

그런데 이 풍습은 마황후로 인해 생겼다고 한다. 옛날에는 작은 발이 미의 기준이어서 전족*이 성행하였는데 마황후는 워낙 발이 큰데다 전족하는 것마저 거부하는 바람에 '마대발'이라고 불렸다.

　어느 해 그믐날 밤, 주원장은 사복 차림으로 민간에서 시찰하던 중 한 집 앞에 걸린 주마등이 눈에 띄었다. 그 위에는 발이 엄청 큰 여인이 말에 앉아 수박을 안고 있는 그림이 그려져 있었다. 지나가던 사람들은 너도나도 그것을 보고 키득키득 거렸는데, 주원장은 그것이 마황후의 큰 발을 풍자한 것이라고 생각했다.

　격분한 그는 사람을 시켜 그 집 문에 암호로 '복'자를 붙이게 하고 궁에 돌아온 다음 자객을 보내 그 집 사람들을 모조리 죽이라 명하였다. 이 사실을 안 마황후는 재빨리 심복을 파견하여 그 동네 집집마다 '복'자를 붙이게 했다. 사람들은 모두 마황후의 명을 따랐지만 유독 한 집에서 글자를 모르는 탓에 거꾸로 붙이고 말았다. 이튿날, 자객의 보고를 들은 주원장은 대노하며 그럼 글자를 거꾸로 붙인 집의 사람들을 죽이라고 명하였다.

　이때 옆에서 지켜보던 마황후는 주원장에게 조용히 다가가 말했다.

　"그 집에서는 혹시 폐하께서 문 앞을 지나시지 않을까 하여 일부러 '복'자를 거꾸로 붙인 듯합니다. 거꾸로 붙인 '복'은 '복이 온다'는 뜻이 아닐까요?"

　그 말을 듣고 화가 가라앉은 주원장이 명을 거두었다. 그 후부터 새해가 올 무렵 민간에서는 '복'자를 거꾸로 붙이는 풍습이 생겼다. 지금은 그냥 복을 기원하는 의미겠지만 당시에는 인자한 마황후를

---

* 전족: 여자의 발을 인위적으로 작게 하기 위하여 헝겊으로 묶던 옛 풍습.

기념하기 위한 백성들의 마음이기도 할 것 같다.

위대한 황후

마황후는 후궁을 훌륭하게 관리한 것으로도 유명하다. 여느 왕조의 황후들처럼 후궁들을 견제하지 않고 솔선수범하여 검소함과 후덕함의 본보기가 되었으니 후궁들도 마황후를 잘 따랐다. 그녀는 당나라 장손황후와 함께 모든 덕목을 갖춘 황후로 평가받고 있다.

그러나 한 가지 아쉬운 점이 있다면 어쩌면 슬하에 친자식이 없다는 점이다. 《명사明史》에 의하면 마황후는 5남2녀를 낳았다. 그들은 장남인 태자 주표朱標, 차남 진민왕秦愍王 주상朱樉, 3남 진공왕晉恭王 주강朱棡, 4남 주체(朱棣, 3대 황제 영락제永樂帝 성조成祖), 5남 주정왕周定王 주숙朱橚 및 영국공주寧國公主와 안경공주安慶公主이다. 그러나 이에 대해 줄곧 의견이 분분하다. 명나라 말 청나라 초기의 사학가 반정장潘柽章은 저서《국사고이國史考異》에서 4남 주체와 5남 주숙만 마황후 소생이라고 하였고 청나라 시인이자 학자인 주이존朱彝尊은 저서 《정지거시화靜志居詩話》에 마황후는 회임한 적이 없다고 적는 등 정사의 기록을 반박하였다.

또한 주표는 1355년에 태평(太平, 지금의 안휘성 당도현)에서 태어났다고 되어 있지만 당시 마황후는 화주(和州, 지금의 안휘성 소호시)에 있었다고 한다.

과거에는 정실이 낳은 아들을 적자嫡子라 하고 첩이 낳은 아들은 서자庶子라고 했는데 명분상의 차이는 엄청났다. 황제가 죽으면 정실이 낳은 적자들 중 장남이 황위를 계승해야 했다.

마황후가 아들이 있었다면 아무 문제가 없었겠지만 친자가 없었다면 다 같은 서자들 중 누구를 태자로 봉해야 한단 말인가. 어쩌면 현명한 마황후는 나중에라도 문제가 될 것을 우려하여 주원장이 여러 후궁들에게서 얻은 26명의 아들들 가운데 몇 명을 자신의 처소에 데려와 직접 길렀을 가능성이 있다. 그러니 그들은 자연히 적자로 인식되었고 그들 역시 나중에는 스스로가 마황후 소생의 적자라고 여겼을 것이다. 하지만 주원장과 마황후가 죽은 후 그들 사이에는 결국 피비린내 나는 권력 싸움이 일어났다.

1382년, 마황후는 큰 병에 몸져누운 뒤 일어나지 못했다. 이미 죽음을 예지한 그녀는 병을 고치지 못한 의원들이 억울하게 처벌을 받을까 걱정되어 주원장에게 치료를 중단해 줄 것을 부탁했다. 눈을 감기 전에도 나라와 백성을 걱정하였으니 마황후가 세상을 떠나자 주원장과 후궁들을 비롯하여 모든 명나라 백성들이 슬픔에 잠겼다. 주원장은 51세에 생을 마감한 마황후에게 효자황후孝慈皇后라는 시호를 내렸다. 효자孝慈의 의미는 윗사람을 공경하고 아래 사람에게는 자애를 베푼다는 뜻으로 마황후와 아주 잘 어울린다.

중국에는 "황제를 모시는 것은 호랑이를 모시는 것과 같다"는 속담이 있다. 특히 화를 잘 다스리지 못했던 주원장을 내조한다는 것은 더욱 어려운 일이었을 것이다. 그러나 마황후는 그녀의 성품과 지혜로 남편을 잘 다독이어 건국 초기의 명나라가 안정될 수 있도록 기여하였다. 그녀는 중국 역사상 최고의 퍼스트레이디라 불려도 전혀 손색이 없다!

주원장은 마황후 이후로 그 누구도 황후자리에 앉히지 않음으로써 존경과 그리움을 표하였다. 황후의 죽음에 대해서 이토록 슬퍼

주원장과 마황후가 합장된 명효릉明孝陵.
강소성 남경시에 위치.

한 황제는 별로 없을 것이다.

　중국 강소성江蘇省 남경시南京市에 있는 명효릉明孝陵에는 이들 부부가 합장된 무덤이 있는데, 그들은 지금도 나란히 누워 옛 시절 동고동락하며 지내온 시절들을 이야기하지 않을까 싶다.

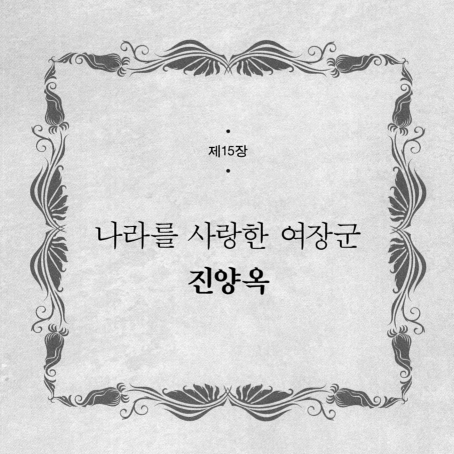

제15장

나라를 사랑한 여장군
진양옥

진양옥

한눈에 보기에도 절망적이었다. 최소한 열배 이상이나 많은데다 기세가 등등한 적군이 다시 함성을 지르며 쇄도했다. 견고하게 구축된 성채의 뒤에 웅크린 부대가 절망적인 신음을 터뜨렸다. 얼마 되지도 않는 그들 중에는 나이가 든 사람들도 있고 부상당한 이들도 많아 이번 공격을 감당하지 못할 것이 분명했다.

"두려워하지 말고 싸워라!"

이때 누군가의 외침이 터졌다.

"나를 따르면 이길 수 있다! 자신과 가족들을 지키고 싶다면 모두 창을 들고 일어나 싸워라!"

우렁찬 외침소리와 함께 그가 앞장서서 창을 휘둘렀다. 적을 하나둘 물리치기 시작하자 병사들은 일제히 함성을 외치며 달려들었다.

갑자기 몇 배나 강해진 그들이 용감하게 맞서자 무수한 적들이 피를 뿜으며 쓰러졌다. 이번에야 말로 자신들이 꼭 승리할 거라며 장담했던 적장은 크게 놀랐다. 용맹하게 싸우는 저들을 움직이는 이는 놀랍게도 한 여장군이었던 것이다.

그녀는 과연 누구인가?

이름: 진양옥秦良玉

출생-사망: 1574년~1648년

출신지: 사천 충주(四川忠州, 지금의 중경重慶 충현忠縣)

직업: 장군

부전여전 애국심

때는 명나라 말, 사천 충주(四川忠州, 지금의 중경重慶 충현忠縣) 지방 명문이었던 진규秦葵의 집 마당에서 호통소리가 들려왔다. 자식들에게 무예를 가르치던 그는 아이들이 잘 따라와 주지 않자 언성이 높아졌던 것이다. 자신도 한 때 무예를 배웠던 사람으로, 그것을 터득하는 과정이 힘들다는 것은 알지만 나라가 이렇듯 어지러운 판에 한시라도 빨리 무예를 익혀 고향과 나라를 지키게 하고 싶었다.

진규는 원래 글밖에 모르던 공생貢生*이었지만 어지러운 세상을 접한 후로는 생각을 바꿨다. 당시 명나라는 툭하면 각 변방의 이민족들이 쳐들어오는데다 진규 일가가 살았던 곳을 비롯하여 중앙의

---

* 공생貢生: 명, 청 시대 각 지역에서 제1차 과거시험에 합격한 사람.

통제가 미치지 않는 지방에서는 부패한 관리들이 세금을 마음대로 걷고 수탈해 갔다. 무엇보다 나라를 다스리고 백성을 보듬어야 할 황제도 무능하고 미욱하기 짝이 없었으니 과거에 급제한들 무슨 소용이 있을까 싶었다. 이런 세상에서는 무예가 더 필요할 것 같아 병법을 익히고 그것을 자식들에게 가르쳐주었다. 언젠가 그들이 나라와 고향을 위해 큰 힘이 될 수 있다면 더 이상 바랄 것이 없었다.

진규는 날카롭고 예리한 눈빛으로 세 아이의 실력을 번갈아 바라보았다. 자신도 비록 믿기지는 않았지만 오랜 시간 관찰한 결과, 장남과 막내아들에 비해서는 확실히 둘째인 딸 양옥이가 검, 활, 창의 실력은 물론 병법 또한 빨리 익혀 셋 중에서 가장 뛰어났다.

진규는 그런 딸을 보고 한숨을 쉬며 "여자로 태어나지만 않았다면 필히 제후에 봉해질 인재인데……"하고 혼잣말로 안타까워했다.

발그레한 뺨에 흘러내린 땀을 수건으로 닦던 양옥은 아버지의 말을 듣고 야무지게 말했다.

"만약 제가 병권을 장악하게 된다면 평양공주平陽公主*와 승부인洗夫人**에게 뒤지지 않을 것입니다."

자신의 성격을 꼭 빼닮은 딸의 포부를 들으니 아비로서는 기특하기 이를 데 없었지만 여자로서의 한계가 너무나 분명하던 시대임에 고개를 저었다. 그러나 그는 차마 어린 딸에게 기죽이는 말을 할 수 없어 다시 연습에 몰두하는 그녀를 바라보며 허허롭게 웃었다.

---

* 평양공주: 당나라 건국황제 고조 이연李淵의 딸로 7만에 달하는 군대를 이끌고 수나라에 반기를 들어 싸움으로써 아버지가 당나라를 세우는데 크게 공헌하였다.
** 승부인: 수나라 초기 남편과 함께 반란을 평정하고 나라를 보위한 여성.

석주의 수호신

1595년, 어느덧 진양옥泰良玉은 스무 한 살이 되었다. 결혼할 시기를 훌쩍 넘겼지만 진규는 여느 집처럼 딸을 강요하지 않았다. 이해, 석주(石柱, 지금의 중경重慶 석주현石柱县)의 토사土司* 마천승馬千乘과 혼담이 오갔는데 그녀도 싫지 않은 것 같았다.

마천승은 외민족을 토벌한 후한後漢의 복파장군伏波將軍 마원馬援과 삼국시기 맹장으로 유명한 마초馬超의 후손이라는 말도 있는데, 그만큼 뼈대 있는 무가武家집안의 자식이었다. 당시의 여성답지 않게 기상이 호방하고 무예가 뛰어난 진양옥은 고리타분한 관리보다는 마천승 같은 남자에게 더 끌렸을 것이다.

그리하여 진양옥은 고향과 조금 떨어진, 소수민족 토가족土家族들이 모여 사는 석주로 시집을 가게 되었다.

그녀는 석주에 도착한 직후부터 활발하게 움직였다. 진양옥은 가장 먼저 선진적인 경작방식을 도입하는데 주력했다. 더불어 학교와 절을 짓고 길을 닦았으며 다리를 세우는 등 지역 건설과 발전에 힘썼다. 그녀의 노력으로 척박한 변두리에 지나지 않았던 석주가 상업이 번성한 지역으로 변모하게 되었다.

그뿐만 아니라, 진양옥은 치수治水에도 힘썼다. 당시 하천이 범람하는 바람에 수재가 자주 발생하였는데, 그녀는 성 주변에 인공하천을 파고 견고한 축대를 쌓아 홍수 피해를 막았다. 그 하천은 석주의 자랑거리인 옥대하玉帶河이다. 지금도 이 하천은 수재의 발생을

---

* 토사土司: 원, 명, 청 시대의 서남 지방의 벼슬로 그 지역 소수민족 추장들을 주로 임명하였으며 세습을 허용하였다. 마천승도 그의 할아버지가 공을 세워 얻은 선무사宣撫使의 관직을 세습하였다.

막는 동시에 경작지에 물을 댈 수 있어 풍작을 이루는 기반시설로 기능하고 있다.

이처럼 헌신하고 노력하는 진양옥에게 민심이 모이는 것은 당연하다. 그러나 석주가 생산력이 높아지고 물산이 풍부해짐에 따라 달갑지 않은 상황이 발생하였다. 나라가 혼란한 틈을 타 도적이 들끓기 시작하였는데 석주도 예외가 아니었다. 다른 지역에 비해 상대적으로 풍요롭게 된 석주는 그만큼 더 위험해지게 되었던 것이다.

그때도 진양옥은 남편 마천승과 함께 삶의 터전인 석주를 지키기 위해 분연히 앞장섰다. 그들 부부는 남녀를 불문하고 군사훈련을 받게 하는 한편, 가뭄의 영향을 덜 받는 옥수수를 심게 하여 자체적인 역량과 보급을 갖추게 하였다.

머지않아 석주에는 백간창이라는 무기로 무장한 병력이 구성되었다. 백간창은 백랍수白蠟樹라는 나무를 기본으로 하여 만든 창으로서 진양옥이 석주의 특징을 이용하여 만든 무기인데, 그녀는 석주 백

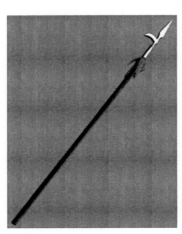

백간창

성을 불러 모아 백간창을 무기로 훈련시켰다. 평상시에는 생업에 종사하다가 비상시 전투에 나설 수 있도록 하여 생업에 지장 받지 않게 하였다. 얼마 지나지 않아 백성 모두가 자신들의 힘으로 고향을 지킬 수 있다는 자신감을 갖게 되었다. 이 병사들이 장차 최강의 부대로 명성이 자자하게 되는 백간병百杆兵의 모체이다.

반란군을 무찌르다

진양옥이 석주를 지키기 위해 활발하게 움직이고 있을 때 인접한 사천 파주(播州, 지금의 귀주성 준의)의 선위사 양응룡楊應龍이 반란을 일으켰다. 그의 반란군은 자못 강성하여 귀주와 사천, 호광 등 지역 일대를 휩쓸었다. 양응룡의 세력이 점점 확대되고 있었지만 변방 이민족의 침략마저 시달리고 있던 중앙정부에서는 이를 진압할 겨를이 없었다.

1599년, 조정은 어쩔 수 없이 지방 세력의 도움을 받아 반란을 평정하기로 결정했다. 마천승과 진양옥은 만력제萬曆帝의 명을 받들어 각각 정병 삼천과 백간병 오백을 이끌고 파주를 향해 출발했다.

적지에 닿은 지 얼마 지나지 않아 해가 바뀌었는데, 정월 초이튿날은 토가족 최대의 명절이었다. 모든 백간병들이 들뜬 가운데 진양옥은 차분하게 명령을 내렸다.

"오늘 밤 백간병 가운데 일부는 진영에 남아 명절을 즐기는 척하고 나머지는 밖에 매복한다. 양응룡이 야습하면 북소리를 신호로 하여 일제히 반격할 것이니, 술을 지나치게 마시지 말고 경계하여야 한다. 진영에서 투구와 갑옷을 벗는 자는 목을 베겠다."

그날 밤 병사들이 모닥불을 피우고 춤을 추며 명절을 즐기고 있을 때, 아니나 다를까 양응룡 군이 들이닥쳤다. 진양옥이 북을 쳐 공격개시를 명하자 사방에 매복했던 백간병이 일제히 달려들어 용맹하게 무찔렀다. 전혀 예상하지 못한 반격에 크게 놀란 양응룡은 혼비백산하여 도주했지만 진양옥은 끝까지 추격했다. 백간병을 거느린 그녀가 밤새 추격하여 근거지까지 격파하자 양응룡은 절망한 나머지 자결하고 말았다.

투구

양웅룡을 진압한 것을 시작으로 진양옥과 마천승은 많은 공을 세웠다. 특히 지략이 뛰어난 진양옥이 지휘하는 백간병은 출전하기만 하면 백전백승으로 명성이 드높았다.

남편을 잃고 관직을 세습하다

1613년, 태감 구승운邱乘雲이 중앙의 지시를 받고 군대를 검열하려 석주로 파견되었다. 공교롭게도 마천승은 당시 여름에 떠돌고 있던 전염병에 걸려 본의 아니게 접대에 소홀하였다. 이를 괘씸히 여긴 구승운은 마천승을 모함하는데 그 바람에 그는 압송되어 투옥되었다. 가뜩이나 병으로 인해 건강이 악화된 데다, 옥중에서 치료를 받지 못했던 마천승은 한참 나라를 위해 싸울 41세의 나이에 억울한 죽음을 당하고 말았다. 공을 세운 영웅이 간신배들의 모함으로 목숨을 잃는 사례가 어디 한 둘이던가. 중국 제일의 영웅으로 추앙받는 악비岳飛마저도 그렇게 죽었으니 말이다.

불행 중 다행으로 조정은 전쟁에서 여러 차례 공을 세운 진양옥이 어린 아들을 대신해 남편의 지위를 세습하고 석주의 군권을 장악하도록 허락했다.

당시 명나라가 임진왜란과 각 지역의 반란 등으로 큰 피해를 입은 틈을 타 여진족이 급속하게 성장했다. 여진족을 통일한 누르하치(努爾哈赤1559~1626)는 후금後金을 세우고 명나라를 압박하기 시작했다. 1619년에 사르후薩爾滸에서 벌어진 전투에서 명나라는 조선의 지원도 받았지만 대패를 하고 만다.

기세등등한 누르하치가 1620년에 요동지역을 침공하자 조정에서는 지방에 흩어져 있는 사령관들에게 후금을 물리칠 것을 명령하였다. 이미 46세가 된 진양옥이 직접 3천의 백간병을 이끌고 출정했을 때 그녀의 오빠와 남동생도 선봉에 나서 용맹을 떨쳤다. 그때의 활약은 명나라의 백성들은 물론, 누르하치와 후금에게도 진씨 남매들의 존재가 강렬하게 각인되는 계기가 되었다.

1621년, 진씨 형제는 비통하게도 후금과의 전투에서 목숨을 잃는다. 남편에 이어 혈육들마저 잃은 진양옥은 하늘이 무너지는 것 같았지만 이를 악물고 다시 백간병을 이끌고 나가 후금군을 물리쳤다. 당시의 황제 천계제(天啓帝 1605~1627, 재위 1620~1627)는 진양옥을 크게 칭찬하고 2품의 관직과 관복을 하사했다.

또한 천계제는 지략과 용기를 겸비한 진양옥에게 산해관을 지키는 중요한 직책을 맡겼다. 요동을 포함한 동북지역을 방어하는 산해관이 뚫리는 날에는 바로 북경이 위

관복

험해지기 때문에 그곳을 방어하는 것은 중책 중에서도 중책이었다. 그렇기 때문에 후금도 계속 산해관을 공격해왔지만 그때마다 진양옥이 침착하게 방어하여 후금은 결국 그곳을 포기할 수밖에 없었다. 진양옥은 주어진 책임을 다하고 드디어 그리운 석주로 돌아갈 수 있었다.

언제나 나라를 위해

돌아온 석주도 평온하지 못했다. 사천 영녕(永寧, 지금의 사천 서영현)의 선무사 사숭명奢崇明이 반란을 일으켰기 때문이었다. 그는 소수민족인 이족彝族 추장으로 명나라에 반기들고 진양옥에게 사자使者를 보내 반란에 동참할 것을 제의하였다. 강력한 부대를 가지고 민심까지 따르는 진양옥이 사숭명과 손을 잡는다면 결과를 예측하기 어렵다. 명나라를 건국한 주원장도 처음에는 반란세력 가운데 하나였지 않은가. 어쩌면 중국 최초로 제국을 일으킨 개국 여황제가 될 수 있었을지도 몰랐다.

진양옥 동상

그러나 진양옥은 크게 노하며 "나는 황제와 국가에 충성하는 신하인데 어찌 역적과 한패가 된단 말이냐."고 외친 다음 사자의 목을 베었다. 진양옥의 변치 않는 충성에 백간병의 사기가 크게 오르고 백성들도 흔들리지 않고 생업에 종사했다.

백간병을 이끌고 사숭명의 반란을 진압

하러 간 진양옥은 사천의 중심지역인 성도成都 인근까지 추격하여 그는 물론 패잔부대까지 전멸시켰다.

반란을 진압한 진양옥이 성도에 당당하게 입성하자 말로만 듣던 여장군의 풍채를 직접보기 위해 모여든 백성들이 인산인해를 이루었다. 백간병을 거느리고 위풍당당하게 들어서는 그녀를 향해 백성들은 열렬히 환호했다. 이미 반백이 넘은 나이였어도 그녀는 위풍과 패기가 넘쳤다. 세월은 그녀를 더욱 굳고 단단하게 만들었으며 모든 것을 달관하게 했다.

성도의 백성들은 그녀를 신처럼 떠받들었으며 지나간 거리마다 향을 피우고 절을 하였다. 조정에서는 진양옥이 난을 평정한 공로를 인정하여 도독첨사都督僉事겸 석주총병관으로 임명했다.

1626년, 명나라를 공격하던 누르하치가 중상을 입고 죽었으며, 이듬해인 1627년에는 천계제가 죽고 명나라 마지막 황제 숭정제(崇禎帝 1611~1644 재위 1627~1644)가 즉위했다. 비록 숭정제가 마지막이라지만 명나라는 이미 만력제 때부터 거의 멸망한 상태였다. 그나마 진양옥 같은 영웅들이 자신을 돌보지 않고 분투한 덕분에 겨우 버틸 수 있었다.

누르하치의 뒤를 이어 즉위한 황태극(皇太極 1592~1643, 재위 1626~1643)이 대대적으로 명나라를 침공한 것은 1630년이었다. 이미 3년 전에 조선을 침공하여 명나라를 지원하지 못하게 만든 황태극이 파죽지세로 중원을 향해 진격했다. 삽시에 화북의 영평 등 주요지역이 함락되자 명나라는 위기에 빠졌다.

숭정제는 각 지방의 사령관들과 장군들에게 북경을 방어할 것을 명했지만 워낙 민심을 잃은 탓에 대부분이 따르지 않았다. 그러나 진양옥은 만 리나 떨어진 석주에서 군량을 준비하여 밤을 새며 달려갔다. 그녀가 지휘하는 백간병은 결사적인 혈투를 전개하여 위기에 빠진 북경과 황제를 지켜냈다.

숭정제 13년(1640), 60만 대군을 보유한 장헌충張獻忠의 반란군이 크게 기세를 떨쳤다. 그는 국호를 대서大西로 하고 스스로 황제까지 칭했다.

그의 반란군이 사천을 침공하자 63세의 진양옥은 다시 갑옷과 백간창으로 무장하고 전쟁터에 나섰다.

당시 진양옥은 사천순무 소첩춘邵捷春과 연합하여 장헌충을 토벌하게 되었다. 그러나 소첩춘이 잘못 판단하여 지휘하는 바람에 진양옥이 피땀으로 양성한 백간병이 거의 전멸 당하는 참사가 벌어졌다. 한 명 한 명이 자식 같았던 백간병의 죽음은 이루 말할 수 없는 슬픔과 충격을 주었지만 진양옥은 끝까지 싸워 석주를 방어했다. 물러갔던 장헌충은 몇 년 뒤 다시 사천을 침공했다. 대부분의 백간병을 잃어 미처 새로운 병력이 양성되기 전이었음에도 진양옥은 포기하지 않았다. 얼마 되지 않는 부하들과 한 몸이 되어 신들린 것처럼 싸우는 그녀에 의해 석주는 다시 방어될 수 있었다. 천하

명나라 미상 〈출경입필도出警入蹕圖〉

의 장헌충도 진양옥이 결사적으로 지키는 석주만큼은 포기할 수밖에 없었다.

여장군의 최후

1644년, 반란을 일으킨 이자성李自成이 북경을 포위하자 숭정제는 스스로 목숨을 끊었다. 이로써 명나라는 277년 만에 역사 속으로 사라지게 되었지만 이자성은 황제가 될 수 없었다. 같은 해, 북경으로 쳐들어온 청나라 군에게 대패하여 도망갔다가 얼마 지나 죽었기 때문이다.

천하가 대혼란에 빠졌어도 진양옥은 조금도 흔들리지 않았다. 명나라가 멸망한지 4년이 지난 1648년의 어느 날, 백간병을 사열하던 진양옥이 갑자기 말에서 떨어졌다. 주변에 있던 심복들과 백간병들이 크게 놀라 달려왔지만 그녀는 이미 호흡이 멈춘 다음이었다. 향년 74세, 위대한 여걸은 그렇게 눈을 감았다.

진양옥 묘

그녀의 업적은 〈명사明史·진양옥전秦良玉傳〉에 기록되어 있다. 중국 역사에, 그것도 정사에 단독으로 기록된 여장군은 오직 그녀 한 명뿐이다.

글을 마치면서

몇 년 동안 계획하고 준비했던 이 책을 드디어 마무리 지을 수 있음에 기쁘고 보람찬 마음 금할 길 없다. 물론 그 과정에 우여곡절도 많았지만 그것마저 또 하나의 배움이라 여기고 모든 것에 감사하게 생각한다.

예전부터 중국 여성사에 지대한 흥미를 가지고 있어 자료를 찾던 중 늘 몇몇 인물들에만 국한되었다는 점이 아쉬웠다. 그리하여 중국에서는 이름만 들어도 알지만 한국에서는 생소한 여성 인물들을 소개하고 싶었다. 바쁜 회사생활에도 틈틈이 자료조사를 하면서 집필을 시작하게 되었다.

보편적으로 잘 알려지지 않은 인물들을 중심으로 우리에게도 익숙한 서시나 무측천 같은 인물들을 보태었다.

역사적 기록을 바탕으로 하되 무미건조한 서술식을 피해 이야기로 엮는 것이 이해와 재미를 돕는데 효과적이라 생각되었다. 그런 이유로 책의 내용에 필자의 주관적인 부분이 들어간 것은 부인할 수 없다.

같은 여자로서 그녀들의 입장이 되었을 때 어떠하였을까 하는 상상과 고민도 해보았다. 시대적 환경을 극복하고 용기와 재능을 발휘한 그녀들에게 집필하는 중도에도 감탄을 연발한 적이 한 두 번이 아니다. 결코 쉽지 않았을 그녀들의 인생을 거울로 삼아 더 나은 이 시대를 살아가는 나를 채찍질하리라 마음먹었다.

역사에 관한 책이다 보니 고증을 피해갈 수 없었다. 기존에 사실로 여겨왔던 것들조차 혹시나 하는 마음에 일일이 원서를 확인하느라 애를 먹었다. 《사기》, 《한서》, 《구당서》, 《신당서》, 《명사》 등 묵직한 사서를 찾아보면서 중국에 있는 관련 분야의 지인들의 도움을 받아 큰 힘이 되었다. 그리고 집필 초기부터 마지막까지 바쁜 와중에도 따뜻한 조언을 해주신 배상열 작가님에게도 감사의 마음을 전하고 싶다.

마지막으로 최선을 다했지만 분명 부족한 부분이 많으리라 생각된다. 그럼에도 불구하고 이 책이 중국 여성사에 관심이 있는 분들에게 조금이라도 도움이 되었으면 하는 바람이다.

부록

중국 역사 연대표

나라			연대	인물
하夏			약 BC 21세기 - 약 BC 17세기	
상商 또는 은殷			약 BC 17세기 - 약 BC 1046년	
주周	서주西周		약 BC 1046년 - BC 771년	
	동주東周	춘추春秋	BC 770년 - BC 476년	서시
		전국戰國	BC 475년 - BC 221년	
진秦			BC 221년 - BC 207년	청
한漢	전한前漢 또는 서한西漢		BC 202년 - AD 9년	여치 왕소군
	신新		AD 9년 - AD 23년	
	후한後漢 또는 동한東漢		25년 - 220년	반소 채문희
삼국三國	위魏		220년 - 266년	
	촉蜀		221년 - 263년	
	오吳		229년 - 280년	
진晉16국 十六國	서진西晉		266년 - 316년	
	동진東晉		317년 - 420년	
	16국十六國		304년 - 439년	
남북조 南北朝	남조南朝	송宋	420년 - 479년	
		제齊	479년 - 502년	
		양梁	502년 - 557년	
		진陳	557년 - 589년	
	북조北朝	북위北魏	386년 - 534년	
		동위東魏	534년 - 550년	
		서위西魏	535년 - 557년	
		북제北齊	550년 - 577년	육영훤
		북주北周	557년 - 581년	

나라		연대	인물
수隋		581년 - 618년	
당唐		618년 - 907년	무측천 상관완아 어현기
오대십국 五代十國	후양后梁	907년 - 923년	
	후당后唐	923년 - 936년	
	후진后晉	936년 - 946년	
	후한后漢	947년 - 950년	
	후주后周	951년 - 960년	
	십국十國	902년 - 979년	
송宋	북송北宋	960년 - 1127년	이사사 이청조
	남송南宋	1127년 - 1279년	
요遼		907년 - 1125년	
서하西夏		1038년 - 1227년	
금金		1115년 - 1234년	
원元		1271년 - 1368년	황도파
명明		1368년 - 1644년	마황후 진양옥
청淸		1636년 - 1912년	